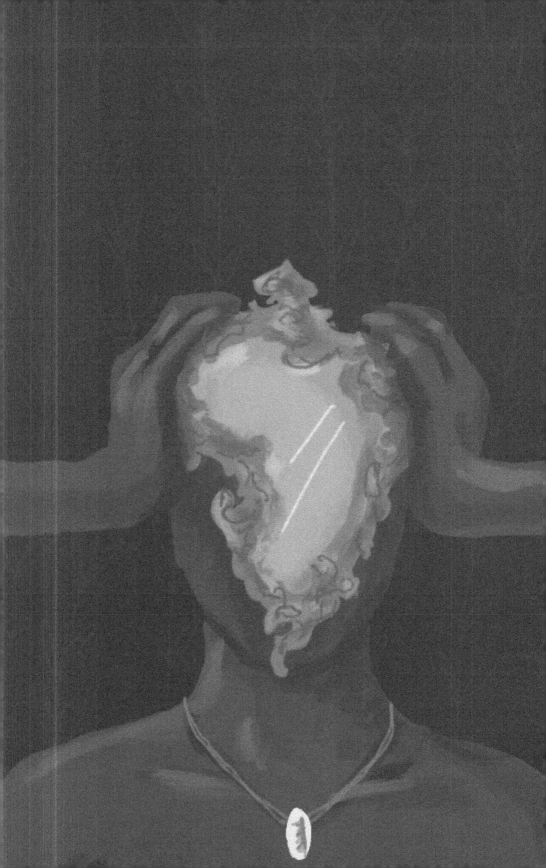

Saber de mim

AUTOCONHECIMENTO EM ESCREVIVÊNCIAS NEGRAS
- PRA PRETO LER -

BÁRBARA BORGES
FRANCINAI GOMES

SABER DE MIM
AUTOCONHECIMENTO EM ESCREVIVÊNCIAS NEGRAS
© Almedina, 2023

Autor: Bárbara Borges e Francinai Gomes

Diretor da Almedina Brasil: Rodrigo Mentz
Editor: Marco Pace
Editor de Desenvolvimento: Rafael Fulanetti
Assistentes Editoriais: Larissa Nogueira e Letícia Gabriella Batista
Estagiária de Produção: Laura Roberti
Revisão: Gabriel Branco e Letícia Gabriella Batista

Diagramação: Almedina
Design de Capa: Roberta Bassanetto sobre arte de Raiana Britto

ISBN: 9786554270625
Abril, 2023

Dados Internacionais de Catalogação na Publicação (CIP)
(Câmara Brasileira do Livro, SP, Brasil)

Borges, Bárbara
Saber de Mim : autoconhecimento em
escrevivências negras / Bárbara Borges, Francinai Gomes
1. ed. – São Paulo : Edições 70, 2023.

ISBN 978-65-5427-062-5

1. Antropologia 2. Ciências sociais 3. Cultura negra 4. Racismo
5. Relações étnicas I. Gomes, Francinai. II. Título.

23-144830   CDD-300

Índices para catálogo sistemático:

1. Ciências sociais 300

Aline Graziele Benitez – Bibliotecária – CRB-1/3129

Este livro segue as regras do novo Acordo Ortográfico da Língua Portuguesa (1990).

Todos os direitos reservados. Nenhuma parte deste livro, protegido por copyright, pode ser reproduzida, armazenada ou transmitida de alguma forma ou por algum meio, seja eletrônico ou mecânico, inclusive fotocópia, gravação ou qualquer sistema de armazenagem de informações, sem a permissão expressa e por escrito da editora.

Editora: Almedina Brasil
Rua José Maria Lisboa, 860, Conj. 131 e 132, Jardim Paulista | 01423-001 São Paulo | Brasil
www.almedina.com.br

Este livro é parte da realização do propósito da minha vó, Regina Jesus, minha maior saudade. Também da minha mãe, Rejane Borges, meu grande amor, que tanto me ensinou a confiar na potência da palavra.

À memória de Judite de Souza Soares e à vida de Josiane Soares Gomes que sempre farão o amor navegar no tempo através da palavra.

SUMÁRIO

Entre a alienação racial e o processo de tornar-se negro: ser consciente dói? 11

Nos conectamos apenas pela dor? Desvendando dispositivos desumanizantes 17

Não se culpe pela sua forma de se comunicar 23

Como você comunica o seu desejo? Assumir o risco da linguagem é assumir o risco de si. 31

Um "eu te amo" que não sai da boca: processos de silenciamento e dor 39

Por que mentimos? A mentira como recurso solucionador.... 45

Quando a casa não é lar: impactos psicossociais da violência na infância 51

Tudo sobre você para que você possa se culpar por tudo 59

Relações saudáveis não são relações com ausência de conflitos 65

Pessoas negras também magoam pessoas negras 71

Quem tá ferido se compromete a cuidar de si próprio para não sangrar no outro as suas dores. 77

É preciso lidar com os próprios demônios ao invés de procurar alguém para domá-los 83

Sobre ter medo dos sentimentos bons por não saber como senti-los.. 89
Amor romântico: um acorrentar desde as embarcações 95
Quem perde quando o amor vira jogo?................... 103
Solidão da mulher negra não é sobre ausência de amor....... 109
Como experienciar o amor num corpo que sente diariamente o medo?... 115
Você realmente precisa ser escolhida? A escolha e a espera ... 121
Não enxergar a raça das suas paixões vai te exterminar do futuro: alienação das escolhas afetivas e descompromisso comunitário 127
O interesse branco não é uma vingança para o nosso povo.... 133
A amiga negra da protagonista branca: relações interraciais criam marcas na nossa existência..................... 141
Auto-ódio: como as distorções do ser produzem adoecimento 151
O negro único: processos de adoecimento e crença na importância da ocupação de espaços coloniais................ 161
A urgência da cura: pode um trauma desaparecer?.......... 169
Você só pode lutar contra algo que conhece: o cuidado e a apropriação de si................................... 175
Nem todo mundo que planta colhe: meritocracia, racismo e capitalismo 183
E se os meus mais velhos morrerem sem conhecer o conforto do dinheiro? 189
Toda escuta é política: por uma clínica multirracializada em psicologia 195
Referências... 201

Entre a alienação racial e o processo de tornar-se negro: ser consciente dói?

> *"Para se perpetuar, toda opressão precisa corromper ou deturpar as várias fontes de poder na cultura do oprimido que podem fornecer a energia necessária à mudança."*
>
> AUDRE LORDE

Provavelmente, em algum momento do grande processo de consciência e letramento racial, somos pegos pela crença de que seria mais fácil se continuássemos alienados de nós. O processo de tornar-se exige que cotidianamente tenhamos atenção e dedicação, por isso é bem comum que as pessoas tenham essa falsa sensação de que eram mais felizes quando não sabiam das coisas, ou quando não precisavam se importar tanto consigo mesmas. Mas por que acreditamos que a cura está no não-saber?

O plano brasileiro de promoção da alienação racial é um projeto de desconexão do sujeito. Significa que, para não ver a cor, deixamos de olhar para nós mesmos, e este movimento se estende através do tempo, no passado, presente e futuro. Ou seja, falamos de um sujeito que se desapropria de si em todos os aspectos, desde a dificuldade de exercer a autonomia a partir de tomada de decisões sobre a própria vida, até a impossibilidade de destinar generosidade, acolhimento e respeito ao próprio corpo. A alienação racial produz sofrimento na medida em que mantém operante a crença violenta de que o corpo negro não pode ser predominantemente vivido como fonte de vida e prazer (Souza, 1983).

Esse movimento é completamente diferente quando pensamos na socialização das pessoas brancas. Por meio da flexão da estrutura, elas se deslocam para o centro-humano, fortalecendo sua noção de "eu" e tornando-se sujeitos frente aos seus desejos e ações. Ainda em "tornar-se negro", Neusa nos fala que o ideal de ego tem como função o fortalecimento da identidade, e que, quando se trata de pessoas negras, isso é em grande parte negado, já que o modelo de ego que nos é apresentado é extremamente branco e impossível de ser executado.

Esse é um dos elementos que representam maior dificuldade dentro do processo de tornar-se: compreender que vivemos num território que mina qualquer possibilidade de construirmos uma identidade compatível com nossos corpos. Ressignificar as nossas experiências, refazer os signos, simbolizar afetos, tudo isso demanda muita dedicação ao processo. Diferente da forma como era no passado, onde nós não compreendíamos a importância do "tornar-se" e vivíamos supostamente aquém, hoje sentimos que existe sequer a possibilidade de fingir que as coisas têm o mesmo significado de antes quando nem nós somos os mesmos.

Por isso, falamos que tornar-se negro é também tornar-se sujeito. Depois de décadas de violências e violações, é comum que este movimento de se tornar realmente mobilize tudo que há em nós. Precisamos nos desfazer das crenças, emoções e comportamentos que nos tornam objetos diante da vida, mas não podemos esquecer e nos preparar para enfrentar mudanças que nem sempre são "bonitas". Elas podem vir acompanhadas de dor, constrangimento, medo, e cada vez conseguimos sustentar menos ainda alguns comportamentos ou relações que eram basilares em nossas vidas.

O sofrimento vivido pelo corpo alienado se dá principalmente pela via do "não saber de si". A pessoa alienada de si é impossibilitada de traçar qualquer estratégia porque o desconhecimento a impede que exista articulação para criar estratégias que considerem a sua história, por exemplo. Quando estamos no processo de tornar-se negro, implicados com nós mesmos, compreendemos que, mesmo sendo atravessados pelo sofrimento, ainda assim, com o tempo, conseguimos perceber os motivos pelos quais estamos em crise, quais foram os gatilhos e quais ferramentas podem ser utilizadas para diminuir a dor.

Percebam que existe um movimento que não desconsidera o sofrimento e tenta olhar para além dele, respeitando a nossa história e propondo transformações que nos garantam plenitude de vida. Estar no processo de autoconhecimento não significa que estaremos livres da alienação ou do sofrimento, mas que estamos implicados e compreendemos que o movimento da vida não é linear e se constrói no fazer. Quando Conceição Evaristo nos fala sobre as "Escrevivências" como este fundamento que capta o fluir da vida, pensamos também que é neste fluir que os entraves vão sendo construídos. Não existe processo de tornar-se negro sem o trabalho cotidiano que exige que olhemos para o passado, presente e futuro com respeito e generosidade. Isso nada tem a ver com a ideia de que as violências do passado precisaram acontecer para que pudéssemos ser quem somos.

A lógica do "tudo tem um propósito" não pode ser implantada num contexto de recompensa pelo sofrimento. Não há ressarcimento capaz de atribuir valor positivo à violência vivida. As crenças limitantes criam um deslocamento onde a violência é transformada no motivo pelo qual aprendemos algo. Reconhecemos que por muito tempo essa foi uma estratégia de sobrevivência, mas a proposta da ressignificação é conseguir situar os eventos no tempo e complexificá-los de forma a observar suas várias ramificações. Saber de si é ver potência em quem se é. Seja na nossa versão do passado, presente ou futuro. Sem o movimento se apossar de si, seguiremos num ciclo onde violentamos e somos violentados.

Estando no processo, precisamos aprender a acolher a dor. Como nos diz Sobonfu Somé (2018), há coisas que podemos fazer na sociedade para ajudar a curar. Podemos começar a aceitar nossa própria tristeza e sofrimento do outro, o futuro do nosso mundo depende muito da maneira como administramos nossa dor. Por isso, é importante que reconheçamos a presença do sofrimento, não como um desejo de apagar ou voltar para o passado, mas para legitimá-lo enquanto uma ferramenta que permite acessar o ontem e rearranjar pontos de dor.

Nos conectamos apenas pela dor? Desvendando dispositivos desumanizantes

> *"Quando me sinto respeitada e acolhida, meu potencial se expande."*
>
> Helen Salomão

Muitas vezes, ouvimos mulheres negras afirmarem que acreditam apenas na dororidade como ferramenta de fraternidade e união entre nós. Isto porque, para a maioria delas, as dores compartilhadas são a principal ponte que conecta e mobiliza o senso de comunidade por meio de apoio, integração, pertencimento e solidariedade. De fato, a dor aproxima, mas precisamos explorar outras formas de vinculação com igual potência para alcançarmos plenitude de vida.

É fato que as marcas produzidas pelas violências raciais nos confundem quando o assunto é dor, especialmente por sermos consideradas sinônimo de força e fonte inesgotável de cuidado com o outro em detrimento de si mesmo. Essas crenças simplificadas se traduzem em dificuldades para dizer "não" e também de estabelecer limites nas relações, marcando uma permissividade anulatória que fragiliza os processos de autonomia e autodeterminação. Diante de séculos de desamparo e silenciamento, numa lógica colonial servil de relações hierárquicas, seguimos imersas em angústias e reivindicando a dor como tradução do desejo de acolhimento. Quantas vezes foi preciso gritar a dor para que ela tivesse um lugar? Será sempre necessário esmorecer em sofrimento para que sejamos acolhidas e cuidadas?

Quando nos negam o direito à dor, pela desumanidade da força ou servidão do cuidado, nos confinam nela. Desfazer o engano que nos fez acreditar que gritar a dor é o único meio para que tenhamos acesso ao afeto é essencial para construção do futuro. Nos tornamos sujeitos a partir das narrativas que construímos sobre nós, não do sofrimento que vivemos, ou seja, sentimos dor porque somos humanas, não o contrário. Ter essa compreensão nos permite visualizar a totalidade da vida, retirando a dor da centralidade da nossa existência.

A violência racista que desloca o prazer do centro do pensamento, instituindo o sofrimento como premissa de reconhecimento da identidade negra, produz desesperança e desconexão com o futuro. Assim como Karabá, no filme "Kiriku e a feiticeira", temos sido orientadas pelo espinho da violência racista, que cravou a dor em nossa coluna dorsal. Essa angústia tem nos condicionado a viver o ódio, o desprazer e a morte nas nossas relações subjetivas e coletivas. Também bell hooks dirá que reivindicar esta identidade vitimada será potencialmente desempoderador e imobilizador, posto que nos faz acreditar que somos incapazes, individual e coletivamente, de mudar a nossa situação de forma significativa.

Somos um povo marcado pela angústia não-cuidada e tragédia não elaborada. Isso, somado à ausência de senso de comunidade, tem dificultado que sigamos em frente. Os binômios que associam identidade negra a sofrimento, violência e morte precisam ser identificados, questionados e revogados em nossa subjetividade e coletividade. Essa mudança precisa ser inegociável, senão continuaremos imersos na dor e impossibilitados de pensar o futuro fincado em compromisso, confiança, respeito, união, acolhimento e fraternidade entre nós.

Dororidade (Piedade, 2018) amplia a noção de cumplicidade entre mulheres ao garantir o reconhecimento por meio de vivência, identificação e pertencimento. Nos convida a reconstruir o senso de comunidade, estreitando os vínculos entre mulheres negras como forma de se fortalecer individual e coletivamente para encarar os tempos de infelicidade. Esse é o motivo de falarmos insistentemente sobre o poder da escuta acolhedora, porque ela garante, além do reconhecimento do sujeito, a motivação de saber-se parte de uma comunidade. Assim, podemos nos conectar com a nossa própria história e visualizar novas possibilidades a partir das nossas potências.

Acreditar que o pacto de solidariedade, cumplicidade e afeto entre mulheres negras só pode existir a partir da dor é um erro que nos distancia do projeto de autonomia e promoção de saúde que desejamos. bell hooks (2020) dirá, em seu artigo intitulado "Recusando-se a ser uma vítima", que é pelo enfrentamento dos sofrimentos com graça e dignidade que uma pessoa poderá experienciar transformações. É preciso que, individual e coletivamente, consigamos construir novas conexões entre nós, a partir de crenças e emoções que nos permitam experimentar a esperança, coragem e união.

Se o nosso projeto político de futuro e humanidade é por meio do amor como combinação de confiança, responsabilidade, conhecimento e cuidado, então precisamos repensar algumas crenças para visualizar o que nos conecta além da dor.

Não se culpe pela sua forma de se comunicar

> *"Não quero ser o que eu não sou, chegar pra dizer que chegou é percorrer o infinito, é mergulho no abismo."*
>
> Larissa Luz

A comunicação é uma reivindicação de existência. Significa que se comunicar representa uma manifestação de si, uma espécie de revelação individual que, segundo Audre Lorde, está sempre carregada de perigo. Antes de mais nada, precisamos compreender que comunicar é estar em evidência. Quando nos expressamos, falamos unicamente por nós, ainda que estejamos representando um grupo, e é justamente essa responsabilidade individual de ser o autor da mensagem que nos faz refletir sobre como somos paralisados pelo medo de estar em evidência.

Para essa compreensão, precisamos explorar o sentido mais amplo das possibilidades de comunicar. Se este é um movimento de entrega,

— seja ao outro, a si ou ao mundo — comunicar é sobre fazer chegar uma série de símbolos que contém significados. Em geral, esse movimento de explorar a amplitude da comunicação é feito de forma bem limitada, seja por acreditarmos que não sabemos nos comunicar, ou por acharmos — de forma capacitista — que a fala é a única ferramenta existente para tal.

O movimento de se debruçar sobre os mecanismos que constroem a nossa comunicação é, principalmente, um movimento de volta ao passado. Se a família é a primeira escola do amor, como nos diz bell hooks (2020), a comunicação também é aprendida nesse âmbito. Não é difícil, para nós, perceber semelhanças entre a nossa comunicação e a das pessoas que fizeram parte das nossas vidas desde a infância. Aqui, não pensamos na infância enquanto a fase da "tabula rasa". Quando falamos sobre aprendizagem, falamos também de desenvolvimento, e pensar a história da comunicação, para a maioria das crianças negras em seus lares no Brasil, é perceber uma subjetividade que foi atravessada pela existência de fatores como violência, terror, genocídio, pobreza e abandono que impossibilitam a complexificação do ser e nos confinaram a uma história de dor.

> A criança que sofre violência em casa fica com o desenvolvimento prejudicado. Os efeitos negativos da violência intrafamiliar podem ser observados no funcionamento cognitivo e emocional e na vida escolar e social (Wolfe, Crooks, Lee, McIntyre- Smith, & Jaffe, 2003). O declínio no desempenho escolar da criança vitimizada é uma sequela que vem sendo demonstrada tanto em pesquisas feitas no exterior, como no Brasil (Pereira & Williams, 2008).

É importante pontuar que nem todas as crianças terão seu desenvolvimento comprometido desta forma, mas precisamos considerar que o movimento de observar e atribuir significados por meio de símbolos que são aprendidos na estrutura relacional inclui os eventos violentos como grandes marcadores traumáticos, ou seja, essas crianças elaboram e produzem subjetividade considerando o evento.

Quando comecei a pensar sobre os impactos da violência doméstica na minha vida, uma das primeiras evidências dessa cicatriz aparecia quando pessoas próximas relatavam a agressividade como marca da minha comunicação. Toda vez que essa suposta revelação acontecia, a culpa aparecia acompanhada do arrependimento e do autojulgamento. Durante muito tempo, a forma conhecida para expressar o cuidado era justamente a via do descuido, e, por estar usando uma ferramenta do senhor, essa comunicação descuidada, associada a outros elementos, confinou-me a ciclos intensos de culpabilização.

Quando no processo de autoconhecimento, identificamos a existência dessa comunicação violenta, precisamos compreender que são múltiplos fatores que construíram e são afetados por este lugar. Quando consideramos isso, rompemos com uma das lógicas que nos confina à culpabilização: a ideia de que um único evento, ou um único algoz, modulou a nossa existência no mundo. Isso não diminui a relevância do evento, muito menos desrespeita a nossa dor. A ideia é lançar um olhar minucioso sobre as nossas práticas para conectar eventos e reivindicar a existência de um humano complexo, que é atravessado e atravessa.

A culpa que aparece como resultado da comunicação pode se expressar por meio da autossabotagem. Quando o indivíduo é tomado pela descrença no seu próprio discurso, ele faz uma comunicação alienada da verdade de si — vazia de propósito e de autoconhecimento — e é impedido de visualizar potencial na sua comunicação e percebê-la como uma ferramenta que pode oferecer caminhos, embrenhando-se nas tiranias do silêncio. No processo de silenciamento, o calar pode ser apenas a manifestação do sintoma. O silenciamento em si se dá principalmente pelo fortalecimento das inúmeras barreiras expressivas que minam qualquer possibilidade de segurança e auto-afirmação. Ceifamos a nossa subjetividade quando acreditamos que aquilo que temos de mais íntimo/pessoal é justamente o que precisa ser destruído.

São muitos elementos que constroem uma comunicação verdadeira. Essa ideia romântica a respeito da comunicação como um movimento que salta da boca, que só pode ser feito por meio da fala, e que tem um formato seguro e linear, nada mais é do que um esquema extremamente embranquecido de ideologias que foram desenvolvidas para serem vendidas como base no quesito "o que é se comunicar bem". Esses moldes são elementos fundantes das práticas românticas que nos fazem acreditar na comunicação como um recurso que não demanda esforço quando há verdade no sujeito, e isso é falso. Comumente sabemos o que queremos, mas é na tradução que esse desejo se perde, seja por medo ou pelo uso de ferramentas que desconsideram a nossa complexidade e nos esmagam subjetivamente.

O movimento de refazer a nossa subjetividade é um movimento eterno que exige autoconfiança, determinação e coletividade. Há dois anos, quando realizamos atividades pedagógicas no território quilombola "Barrocão Velho", na região da Chapada Diamantina, uma senhorinha de postura valente, mas extremamente acolhedora e amorosa, nos contou que aprendeu a tecer cestos de palha sozinha, apenas observando o movimento que já era feito por alguns mais velhos. Enquanto narrava, Dona Izaltina, ressaltou que o movimento de fazer e desfazer incontáveis vezes se parece muito com o movimento da vida.

Essa circulação entre o fazer e o desfazer é extremamente vital. Observem que existem dois movimentos bem latentes: o primeiro é a forma como a participação da comunidade é o elemento fundante da prática, ou seja, expande o potencial criativo do indivíduo ao exigir que ele construa uma estratégia própria. E o segundo é a determinação para construir algo que, ainda que precise ser desfeito em algum momento, é sobre uma construção que partiu de quem somos, da nossa crença genuína, como se cada indivíduo carregasse em si algo que é justamente o caminho através do qual ele constrói estratégias até caber.

O exercício da comunicação é um exercício de experimentação e testes. Quando estamos no processo de tornar-se negro, compreendemos que tudo pode ser observado, desde a forma como nos comunicamos, até a expressão do nosso silêncio.

O processo de tornar-se negro é cheio de nós, e portanto cheio de particularidades. Quando compreendemos a potência que há em ser coletivo e, principalmente, em ser individual, temos a possibilidade de examinar o passado, presente e futuro sem as lentes do colonialismo que nos prendem a uma utópica linearidade.

Como você comunica
o seu desejo?
Assumir o risco
da linguagem é assumir
o risco de si

"Uma guerra contra as tiranias do silêncio."

AUDRE LORDE

O primeiro ponto que gostaríamos de pensar é a importância de comunicar a verdade. Parece muito simples, mas a falta de uma comunicação verdadeira pode causar diversas demandas nas nossas relações com nós mesmos e com as pessoas que nos relacionamos de modo geral. No livro "Tudo sobre o Amor: novas perspectivas", bell hooks (2020) fala da mentira enquanto uma ferramenta que nos possibilita manobrar os eventos de acordo com o nosso desejo (ainda que desejemos desejar o desejo do outro), e pontua que a estrutura social estimula o fingimento, nos encorajando a apresentar às outras pessoas um falso "eu".

A construção desse falso "eu" diz sobre distorções produzidas para, supostamente, alcançarmos o lugar desejado. No amor, construímos uma falsa versão de quem somos para supostamente preencher com segurança a vida do outro. Por não nos acharmos suficientes para ocupar um lugar, ou às vezes por só sabermos nos relacionar como se estivéssemos em um tabuleiro, acreditamos profundamente em distorções sobre nós e passamos a nos enxergar apenas através delas, e é essa versão que apresentamos ao outro. Conseguem ver o problema que isso pode causar?

A fragmentação do "eu" funciona quando um conjunto de expressões, associações, desejos, comportamentos e afetos são acionados para forjar o nosso verdadeiro "eu". É uma espécie de banco de dados com várias versões de comportamentos e discursos que, supostamente, satisfazem o outro e garantem o resultado esperado. É como se estivéssemos numa busca por pontos, escolhendo os melhores personagens, analisando as melhores estratégias e esquecendo do nosso desejo.

Nesse processo, principalmente em relações afetivo-sexuais, confiamos veementemente na nossa habilidade de observar e desvendar o desejo do outro, mas nunca no nosso potencial de aproximar, cativar e interessá-lo por meio de quem verdadeiramente somos. Ou seja, entramos em um estado de negação que nos impede de construir uma noção de "eu" fortalecida.

Quando deixamos de comunicar a verdade sobre nós, criamos, ainda que indiretamente, uma barreira entre nós, o outro e a possibilidade de amar e viver o amor plenamente, como nos sugere bell hooks (2020). A dificuldade de nos reconhecermos enquanto seres que podem acessar a sua própria verdade nos coloca em conflitos nos quais o medo ocupa a centralidade. Este medo aparece na maioria das vezes relacionado ao outro, atribuindo apreensão, tensão e ansiedade ao pensar nos comportamentos possíveis. Percebam que há um esforço significativo para deduzir as consequências negativas de fazer uma comunicação verdadeira, mas dificilmente pensamos e idealizamos como será para nós, para o nosso corpo, sentir uma comunicação verdadeira e cuidadosa passando pelas veias.

Quando nos referimos ao medo do outro, falamos sobre a existência do medo da reação e/ou consequência, mas principalmente de como atribuímos um valor quase que substancial à representação e relevância do outro em nossas vidas. É um medo que paralisa e nos proporciona sofrimentos e limitações, mas que antes de tudo nos insere em um processo de assujeitamento, construído por meio da insegurança, que determina as manifestações do "verdadeiro-eu" como falidas. Então, ainda que o sujeito tente comunicar a verdade sobre seus desejos e sobre si, é atingido por um bombardeio de suposições e crenças que inviabilizam e silenciam qualquer manifestação do verdadeiro eu.

Quando falamos em comunicação, lembramos do pensamento desenvolvido por Audre Lorde em "Irmã outsider" (2020), no qual a autora explica que a dificuldade de comunicar existe porque a comunicação exige uma revelação individual. É como se no momento da comunicação estivéssemos de fato assumindo o risco de sermos quem somos com todas as implicações, com o risco de não sermos compreendidos, o medo do outro e a falta de crença no conteúdo da nossa verdade. Os motivos podem ser vários e estão diretamente relacionados com a individualidade de cada um.

Não podemos deixar de pontuar que, apesar de compartilharmos a origem de algumas dores, é no campo individual que elas se desdobram e provocam novas pulsões. Assumir o risco da comunicação/ação nos soa como perigoso por ser uma reivindicação individual da nossa própria existência, uma manifestação de si que parte do lugar do sujeito ativo. Exige coragem e autoconhecimento.

O segundo ponto para pensarmos a ideia da linguagem/ação construída como risco são as nossas experiências, é a forma como fomos marcados por eventos em que a comunicação (verbal ou não) foi apontada como o elemento causador de conflitos. Se a nossa fala provoca e justifica a violência, então a máscara do silêncio parece ser um recurso para evitar estes episódios. Esse é um cenário bem comum para pessoas que vivem em contextos de violência, em que o silêncio é visto como uma ferramenta comumente utilizada para, supostamente, evitar ou impedir que as manifestações violentas sejam ainda mais cruéis, por exemplo.

Audre pontua que se tivesse feito um voto de silêncio durante toda sua vida, em nome de sua segurança, ainda sentiria medo. Isso serve para pensarmos o medo enquanto algo legítimo, que faz todo o sentido quando pensamos em linguagem e ação, porque são dois elementos muito poderosos, mas que não nos protegem do nó na garganta, das crises de ansiedade e muito menos do outro. Quantas vezes você se perdeu na conta entre o que queria e o que foi possível comunicar?

O autoconhecimento é a ponte capaz de conectar o espaço entre a marca de suprimir emoções e a comunicação saudável. Saber de si é um vir a ser trabalhoso, doloroso e, muitas vezes, solitário. Conhecer nossas dores, inseguranças e traumas é um processo de despir-se e vestir-se. Conseguir visualizar o que são os processos sociais e individuais, não mais para dissociar, e sim para compreender como eles nos montam/desmontam no tecido social.

Nos entender como um todo em si, mas também como parte de algo maior, parafraseando bell hooks (2020), conhecer a si é um conjunto de sentimentos e ação de percepção, comprometimento, respeito, responsabilidade, amor e confiança. Não mais para o outro, mas para si. Nutrir o próprio crescimento espiritual.

Um "eu te amo" que não sai da boca: processos de silenciamento e dor

> *"Nossa confusão em relação ao que queremos dizer quando usamos a palavra "amor" é a origem de nossa dificuldade de amar."*
>
> Bell Hooks

Amor e comunicação são dois campos de força que juntos nos confrontam com um despreparo histórico-colonial. É importante demarcar este tempo para não acreditarmos em falsas ideias que caracterizam uma marca como se ela nos pertencesse naturalmente. Amor é ação e comunicação é aprendizado, por isso resgatamos o passado para fazer novas conexões e propósitos entre o agora e o futuro.

O navegar do trauma colonial, somado a práticas românticas deste território hostil à cultura e identidade negra, fortaleceram uma noção de inconformidade. Afinal, as representações do culto ao amor nos movimentos literários, assim como os enredos de novelas, não nos possibilitaram imaginar nosso corpo-existência expressando os afetos naquele formato. Somado a isso, os espaços de socialização, principalmente a escola e a rua, se organizaram como lugares hostis, não apenas negando acolhimento e cuidado como também direcionando ódio e desprezo aos nossos corpos. Assim, desde a mais tenra infância, não aprendemos a trocar afetos de formas convencionais, ou seja, as formatações socialmente reconhecidas no território colonial.

A família também tem importante contribuição nesse processo. Os silêncios das famílias negras em torno de fatídicos eventos de abandonos, mortes, violências, desaparecimentos, exaustão, desastres naturais e tantos outros sofrimentos têm construído grandes barreiras para o amor. Na maioria das vezes, são estes silêncios que enfraquecem os vínculos e mantêm o navegar da dor através das gerações. Sem a possibilidade de enxergar na família um espaço de reconhecimento e acolhimento para nossos sofrimentos, nos mantemos em isolamento e acatamos a tolerância silenciosa como único recurso para manter a instituição viva. Adotar o ato de calar para aceitar o que supostamente não pode ser mudado não nos permite encarar e modificar os problemas. Assim, o modelo colonial transfere o respeito às relações com base no amor para o respeito às instituições com base em hierarquias de poder.

É provável que você se lembre de algumas dezenas de vezes em que desejou dizer "te amo", mas ele ficou preso na garganta. Isto porque o amor tem nos parecido perigoso, um terreno hostil e descontrolado. A intenção de dizer nunca é forte o suficiente para barrar as inseguranças e medos que calam a nossa voz. Pensando nisso, lembramos bell hooks (2020), quando afirma que para o nosso povo as condições de viver o amor são difíceis, mas não impossíveis. É preciso que aprendamos a diferenciar o desamor do amor comunicado de formas contra-hegemônicas.

Viver o amor significa perceber a comunicação dele por todos os sentidos. Com isso, não estamos falando de manobras para captar as intenções não ditas. Estas, de fato, perdem-se e se esvaem no movimentar da vida. Falamos aqui dos ditos, mas de formas que o amor romântico-branco não atestou como válidos. Viveremos em sofrimento psíquico se não compreendermos o quão simbólicas são as nossas formas de viver o amor. Este é um movimento que começa em nós: reconhecer e valorizar o que nos é característico.

Se você está esperando que o príncipe negro apareça recitando um lindo poema de amor ou que a sua mãe preta organize um piquenique para vocês no domingo à tarde no parque, talvez você precise limpar a tinta branca que está borrando as suas expectativas. Principalmente porque elas te impedem de ver a beleza no caruru de sete meninos que a sua mãe oferece em sua prece todos os anos, assim como te impedem de valorizar a construção diária do amor em lembranças, refeições, histórias, conflitos e elogios compartilhados.

Quando nós dizemos que não sabemos dar amor ou que não sabemos como construir afetos, estamos falando, ainda que indiretamente, sobre a existência de um lugar antagônico no qual o amor existe de formas mais "bonitas e legítimas". Se nós não sabemos amar, quem é que sabe? Existe por trás do "não saber" um comparativo que institui e marca um lugar de "saber" distante e diferente de nós. Estamos falando sobre o ideal de amor branco que nos atravessa como uma flecha colonizadora que não nos pertence, mas transpassa o nosso corpo deixando marcas. Estamos sob uma dimensão comparativa que sempre nos coloca como quem não sabe. E se nós não sabemos, existe alguém que detém o saber.

Por isso é tão difícil falar de amor sendo pessoa negra: é sobre a estruturação de algo novo, não no sentido de recente, mas novo enquanto algo diferente do que está posto pelo branco como sendo legítimo e aceitável. Foi o branco que criou esse amor e o universalizou. Foi ele quem decidiu que nós não sabemos amar. Assim como criou o racismo e disse que nossa cor é suja e não produz bons frutos, disse também que o nosso amor não é afetuoso e não conseguimos tocar nem acolher o outro.

É essencial que consigamos nos apropriar do que é nosso. Neusa Santos Souza dirá que uma das formas de exercer autonomia é possuir uma narrativa sobre si. Por isso, quando redirecionamos os nossos esforços e alimentamos os nossos sentidos com informações verdadeiras sobre a nossa história, podemos nos recriar em nossas potencialidades, construindo novas respostas e rompendo com automatismos de silenciamento e dor.

Por que mentimos?
A mentira como recurso solucionador

> *"O coração da justiça é dizer a verdade, vermos*
> *a nós mesmos e ao mundo como somos, em vez de*
> *como gostaríamos que fosse"*
>
> Bell Hooks

V ivemos numa sociedade onde a mentira é um recurso cotidianamente utilizado para falsear a realidade. Todos aprendemos que a mentira não deve ser usada ou que, numa lógica católica, seremos castigados caso formos descobertos. Seja para evitar uma discussão, por ter esquecido de cumprir uma tarefa, ou para se livrar de perguntas que não sabemos a resposta, frequentemente escolhemos a mentira como um recurso solucionador.

Toda vez que discutimos sobre o uso da mentira, precisamos pensar sobre qual é o nosso desejo quando mentimos e se essa mentira tem sido funcional. Isso porque, na maioria das vezes, a mentira nos coloca em um estado de culpa e sofrimento que muito mais nos aflige do que restaura o evento. Ora, se a mentira é um recurso solucionador, ela deveria aparecer para resolver, e não para nos fazer conviver cotidianamente com a sensação de que estamos escondendo algo e podemos ser desmascarados a qualquer momento.

A mentira e a hipervigilância estão diretamente relacionadas. Algumas mentiras exigem sustentação, ou seja, precisam de um cenário, falas e pessoas. Tudo isso faz com que ela tome uma dimensão maior e, para sustentá-la, precisamos dedicar toda nossa atenção, instaurando um estado de vigilância. Falamos de hipervigilância porque o medo de ser descoberto pelo outro cria a necessidade de estar sempre atento gastando muita energia, e, mesmo sem perceber, construímos uma atmosfera extremamente ansiosa e culpada diante dos eventos. Esse movimento automatizado, no qual as pessoas "mentem ser ver", produz um alívio momentâneo que parece nos livrar da problemática, mas na verdade está nos condicionando à mentira como recurso primário.

Para um corpo que é cotidianamente visto e sentido como inadequado, é comum que a mentira tenha feito morada em muitos de nós. Durante a minha infância, assimilei que a mentira fazia com que as pessoas estivessem sempre certas e, com isso, toda vez que experimentava qualquer fagulha do erro, eu mentia e "corrigia" o evento, mantendo meu ego intacto. Quando por medo do outro, mentimos sobre quem somos, criamos uma desconexão com o nosso corpo e nos perdemos entre aquilo que somos e aquilo que gostaríamos de ser, alimentando um sentimento de inconformidade e fragmentação. Percebam que existe uma relação direta entre o medo do erro e a forma como pessoas negras, historicamente, são vistas como enganosas, lascivas e maliciosas. Já que mentimos quando erramos e habitamos corpos que historicamente carregam o erro como marca da existência, qual papel que a mentira — ou a alienação a respeito de quem somos — tem desempenhado?

Apesar de reconhecermos que as mentiras cotidianas são menos impactantes, ainda insistimos na ideia e no compromisso de reservar um tempo para observá-las. É no mínimo intrigante como algo tão bobo e pequeno (que é como nos referimos às mentirinhas cotidianas) esteja tão embutido na nossa forma de estar no mundo que não consigamos existir senão através dela. Quando Conceição Evaristo (2020) nos fala sobre a escrevivência ser o movimento de captar o fluir da vida, ela nos ensina também sobre a importância de observar a constância de comportamentos em eventos cotidianos como sintoma de algo muito maior, que é constituído de pequenas coisas que precisam ser vistas para que grandes processos sejam compreendidos.

Quando a verdade representa aquilo que somos e escolhemos comunicar a mentira, estamos, ainda que indiretamente, fortalecendo ideologias que continuam viabilizando o esmagamento da nossa identidade. Empenhar-se no próprio processo é acolher que nem sempre conhecemos a verdade sobre nós, mas o comprometimento exige ação e movimento para expressar aquilo que verdadeiramente somos. É uma travessia de constante indagação, abertura de dores e cicatrização de outras. A mentira não é um recurso que evita ferimentos.

Quando a casa não é lar: impactos psicossociais da violência na infância

> *"'Cê vai se arrepender de levantar a mão pra mim."*
>
> Elza Soares

Esta é uma reflexão sobre a importância de voltarmos o olhar para pensar as consequências psíquicas da violência doméstica — direta ou indireta — e os impactos no desenvolvimento de crianças e adultos negros.

A violência doméstica mancha o lugar de proteção do lar. Para além de deixar em estado de constante vigilância e desfazer o potencial de confiança entre os envolvidos, ela também pode, a longo prazo, ser uma grande moduladora de afetos, comportamentos e crenças. Pensar nos impactos da violência doméstica em crianças e adolescentes no Brasil, mas principalmente na Bahia, que, de acordo com o levantamento da Rede de Observatórios da Segurança, ocupa o quarto lugar no país em violência contra as mulheres, exige que observemos como o desenvolvimento é atravessado pela violência, causando uma espécie de marca que inviabiliza ou dificulta que aspectos como a definição de limites, confiança e respeito sejam vistos como possíveis na vida adulta.

Para começarmos a discussão, precisamos compreender o papel que a igreja católica tem quando implanta crenças que são fundantes da violência como um elemento que mantém a ordem no ambiente familiar. A violência doméstica, que diz principalmente sobre uma violência de gênero, tem como uma das bases a política do silêncio e do corpo da mulher como símbolo do passivismo e da inferioridade. Esses elementos estão no cerne das crenças católicas, que, com um plano subjetivo e simbólico, minam qualquer possibilidade de redenção. A eternidade do casamento também é outro elemento que ceifa a liberdade e confina os indivíduos em pactos que partem do plano divino e por isso "não podem ser quebrados".

A igreja é o símbolo do acolhimento e da conexão com o desejo do divino, então muitas mulheres procuram esse lugar em busca de uma resposta e são comumente culpabilizadas e silenciadas. A cultura do silêncio é marca da violência doméstica e diz sobre um pacto intrafamiliar, mas que se desdobra no social. Por que algumas pessoas fingem não ver a violência? E, mais importante, por que agem como se ela fosse uma marca dos relacionamentos de modo geral? Lançar um olhar sobre o comportamento social a respeito da violência exige uma investigação do desamparo e abandono social que vivemos em consequência das noções de amor e família.

Mesmo quando não são alvos diretos da violência, as crianças tentam, dentro do aparato cognitivo que têm disponível, desenvolver esquemas de aprendizagem para compreender o evento. Isso significa dizer que existe um processo de tradução do episódio que é sentido e elaborado de forma bem primária, porque são essas ferramentas que estão disponíveis. Na elaboração, vão se atribuindo significados aos eventos através de um filtro bem dicotômico: entre o bem e o mal, o vilão e a mocinha, a fidelidade e o adultério etc. Quando dizemos que uma série de crenças constroem a subjetividade dos indivíduos, falamos também de como as crianças comumente simbolizam o trauma da violência e fazem associações que podem visar a autoproteção usando recursos como a hipervigilância frente à violência.

A hipervigilância é um estado desenvolvido pelo sujeito que simboliza um alerta de perigo constante. Quando presenciamos ou vivemos a violência continuada dentro dos nossos lares, principalmente na fase da infância, categoriza-se este espaço como perigoso. Nesses casos, é comum que existam reverberações desta atmosfera durante o desenvolvimento até a vida adulta, que influenciam no comportamento, nos afetos e no ser biológico. A vigilância pode aparecer como um estado ansioso de investigação, no qual o medo ocupa uns dos pilares centrais. Às vezes, podemos fazer uso dela como recurso inspecionador da ação do outro, viabilizando a chance de impedir o evento, fugir ou prever a violência.

As violências vividas na infância podem causar grandes impactos na forma como lidamos com os limites, o lugar do medo e a comunicação dentro das relações. Quando não conseguimos delimitar os nossos limites, vivemos a sensação cotidiana de invasão da fronteira. Existe um movimento de associação que pode, de alguma forma, nos orientar para aquilo que conhecemos. Ou seja, se as únicas representações de comunicação que conhecemos fazem parte do campo da invasão do território do outro e do uso da repressão e persuasão como ferramentas silenciadoras, precisamos nos atentar aos padrões de comportamento que nos guiam para este "lugar conhecido".

Já que estamos falando sobre socialização, não podemos deixar de pensar em como a escola tem uma papel crucial na observação e ação frente à identificação da violência vivida por crianças no âmbito familiar. A primeira vez que meus pais foram advertidos e solicitados na escola, foi por meio da sinalização de uma mudança brusca de comportamento em que o silêncio, o sono e a desatenção eram base. O processo veio nomeado pela diretora da escola como "tem alguma coisa acontecendo em casa?", e isso foi indispensável para que as pessoas da rede, de modo geral, pudessem saber que os processos de desenvolvimento vividos por mim estavam sendo atravessados severamente pela violência. Percebam que o uso da palavra "saber", na frase anterior, diz sobre a importância de reconhecermos que muitas famílias, apesar de conhecerem a importância do cuidado, não conseguem compreender que faz parte deste processo de desenvolvimento construir um espaço onde as crianças possam existir em segurança.

Quando trazemos o cuidado e a segurança, falamos da importância de complexificar e "desmistificar" a forma como pensamos que a violência pode impactar no comportamento. Esta ideia de que "viver num contexto de violência doméstica faz com que, obrigatoriamente, os filhos sejam violentos tal qual seus pais, e as filhas violentadas tal qual suas mães", desloca o nosso pensamento para uma analogia extremamente colonizadora que, enquanto nos confina ao sofrimento, ignora as nossas subjetividades, histórias, crenças e experiências individuais. Precisamos considerar que viver em ambientes violentos durante uma parte da vida pode nos fazer acreditar, normalizar e reproduzir a violência de outras formas, num equipamento bem mais único e sofisticado, digamos.

Executamos uma série de comportamentos automatizados que superficialmente sequer parecem estar relacionados ao trauma da violência e de suas implicações. Para conseguirmos realizar conexões, precisamos compreender que o autoconhecimento é a ferramenta apropriada para agir de forma a identificar, ressignificar, e transformar aquilo que é essencial. O processo de tornar-se negro, proposto por Neusa Santos Souza, aparece justamente como uma ferramenta que descortina toda a nossa história, trazendo uma série de descobertas e desconhecimentos sobre nós que considera a nossa pertença racial como elemento modulador da subjetividade. O "tornar-se", ou o "vir a ser", dificulta ou ao menos problematiza a forma como acreditamos veementemente que a nossa história está marcada e fadada à violência.

Tudo sobre você
para que você possa
se culpar por tudo

"Não me iludo
Tudo permanecerá do jeito que tem sido
Transcorrendo, transformando."

Gilberto Gil

Numa estrutura social na qual o sujeito negro se defronta, cotidianamente, com a impossibilidade de errar, o medo se fortalece. Perde-se a conexão com o fluir da vida, enrijecendo as relações como forma de linearizar os meandros do existir para certificar a performance da perfeição. Assim, cada sujeito negro, investido do desejo de não corroborar as profecias autorrealizadoras coloniais, acaba por massacrar a sua existência numa busca pelo inatingível.

A ausência do direito à subjetividade, ou seja, de responder por si próprio como indivíduo ao invés de falar por toda a sua raça, nos incumbiu o fardo de representar todo o nosso grupo. Desse modo, "ser o melhor" supostamente garante a possibilidade de confrontar as representações sociais que se traduzem em expectativas sobre o que a negritude é e produzem constante verificação do seu desempenho. Esses processos têm navegado por gerações e se intensificado na forma de cobranças exacerbadas que contribuem significativamente, no mundo atual, para diagnósticos como a síndrome do impostor e o burnout.

As instituições, especialmente a família, também têm operado para reforçar esses processos. Crianças negras criadas em lares marcados pela ascensão social como principal recurso de mudança de vida, por exemplo, geralmente não foram estimuladas e encorajadas a arriscar e se permitir o erro. Viveram à risca os modelos apresentados como únicos caminhos, sempre incentivados por discursos que demarcavam o alto custo de ocupar espaços e a obrigação de manter o plano de mobilidade econômica. Desse modo, cresceram adultos imersos em autocobranças e que dificilmente praticam a auto generosidade e autodeterminação.

Lembro de quando minha mãe saiu de casa para trabalhar fora e sempre destacava a importância de me manter "na linha" como forma de recompensá-la pelo esforço que vinha sendo feito para que tivéssemos acesso a bens materiais, conforto e novas experiências. Assim, desde os 11 anos de idade, mantive-me exemplar na escola, no trabalho e em casa, pois essa era a minha parte no acordo que mantinha o bom funcionamento do curso da nossa história. Foi também daí que surgiu a principal e desejada meta: poder fazer por ela, no futuro, o que ela havia feito por mim.

Você já percebeu a estreita relação entre os vícios de controle e a sobrecarga física/psíquica na sua vida? Por que fazer tudo do "seu jeito" é sempre a melhor decisão? Qual a relação disso com o medo do erro e o vício em se culpar? Já percebeu como você quase sempre atribui a si próprio a responsabilidade por algo ruim que supostamente poderia ser evitado embora não estivesse sob o seu domínio?

A incompletude humana, conferida pela inscrição da negritude como não-ser do humano de referência, descrita por Sueli Carneiro, nos impede de experienciar qualidades que constituem a humanidade, a exemplo do erro. A alteridade deslocada para os confins do não-ser afirma que a negritude só pode ser reconhecida a partir dos signos da tragédia, morte, sujeira, feiura e burrice constatando o que Sueli chamará de unidade histórica e pedagogicamente anterior. Assim, a performance da excelência negra nos insere numa corrida onde a linha de chegada é um ideal de ego branco e o alcance de uma dimensão ontológica que foi violentamente retirada da negritude pelo dispositivo de biopoder. Podemos afirmar, então, que a imagem de impostora refletida no espelho se constrói pela crença internalizada de que a performance da excelência esconde a fraude de um ser, em verdade, deteriorado, sujo e incapaz.

Provavelmente você já utilizou "controladora", "perfeccionista" ou "exigente" como qualificadores da sua personalidade. Essas classificações, embora socialmente reconhecidas como positivas, guardam, em sua égide, um conteúdo de autoconceito extremamente negativo. Isso porque acredita-se que o erro expõe a rachadura da nossa humanidade. Produz-se, então, intenso sofrimento psíquico verificado na perda da liberdade em razão da constante e rígida fiscalização de suas ações. A conversão de exigências super-humanas em automatismos de ódio torna cada vez mais difícil vivenciar a experiência de satisfação e prazer, aproximando diariamente o corpo negro da sensação de frustração apesar de todo o esforço.

O poder do controle nas nossas vidas é o triunfo do medo. E, diante do traumático, o colonialismo recorre ao cristianismo para oferecer as ferramentas de manejo do erro: culpa e punição. Assim, quando o sujeito negro centraliza tudo em si na tentativa de banir o erro, ele também garante as condições para culpar a si mesmo por todos os acontecimentos, fazendo bom uso do viés de confirmação colonial. Neste mecanismo, a constante vigilância também produz intensa ansiedade, como medida para antecipar e evitar o erro. Esquece-se, porém, que toda expectativa de resultado é uma ilusão.

É possível construir novas respostas para permitir e manejar as falhas, reconhecendo-as como inerentes à experiência humana. Ou seja, a possibilidade de errar e responder a isso com ferramentas que nos motive a acolher, dialogar, refletir, trabalhar e até solucionar com base em verdade e responsabilidade. Assim, rompemos com o constrangimento e medo para visualizar as novas possibilidades que os erros nos apresentam, fruto de aprendizados, questionamentos e reflexões, tanto individuais quanto coletivas.

Audre Lorde (2020) diz que as ferramentas do senhor não desmantelam a casa grande, nos convidando a pensar novos caminhos para lidar com os processos da vida. Acolher o erro como essencial aos processos de desejos, mudanças e relações, bem como entender que ele não precisa ser apagado para seguirmos adiante é saber-lhe genial na medida em que permite nos recriarmos em nossas potencialidades.

Relações saudáveis
não são relações
com ausência
de conflitos

> *"O poder deve ser negociado. Parte do processo de amadurecimento é aprender a lidar com o conflito."*
>
> BELL HOOKS

A dificuldade de construirmos uma noção saudável do amor vem, dentre outras coisas, da nossa dificuldade de lidar com conflitos. Sem dúvidas, a nossa experiência na diáspora, sobretudo com a violência da exploração colonial, tem estreito elo com este dilema. Por isso, é importante entendermos que, quando falamos de conflitos, falamos sobre a existência e o manejo saudável das discordâncias entre sujeitos, tendo consciência de que estas sempre existirão nas relações interpessoais e isso nada tem a ver com os usos de violência como recurso para lidar com elas.

Sabemos que acreditar que o amor se constrói por meio de concessões tem sido uma grande tragédia para a forma como nos relacionamos. O silenciamento dos incômodos, a tolerância às violências e a ausência de diálogos pautados na autonomia e no desejo dos sujeitos são exemplos dessas concessões. Desde a crença numa melhora mágica até a convicção de que sempre é possível ofertar mais uma chance, o ideal romântico-colonial tem nos feito esquecer que as relações se constroem a partir de acordos e negociações em vias de trocas fundamentadas em verdade, respeito, confiança e responsabilidade. Assim, a sabedoria de terreiro nos ensina que a banca do mercado sempre tem dois lados, nos lembrando a importância desses ajustes por meio da comunicação.

As dicotomias e as crenças totalizantes, frutos do ideal de amor romântico, elaboraram uma noção de amor que se fundamenta na fuga dos conflitos como única via de manutenção das relações. O modelo narcísico engendra pactos onde o espelho preserva um ideal de ego como pilar fundamental para a existência do amor. No mundo sócio-psíquico branco, acredita-se que a permanência se constrói por meio da possibilidade de realizar a extensão de si próprio, exatamente como nas monoculturas coloniais, onde o território era explorado para produção de poder por meio da replicação. Assim, o ideal romântico estrutura hierarquias de poder e retroalimenta um modelo de banimento da frustração na interação com o diferente para alcançar a plenitude de vida. Desse modo, vemos se criarem os polos em que paraíso e purgatório, permanência e abandono, preservação e frustração orientam nossas crenças, nossos afetos e nosso comportamento para construção dos vínculos.

Nesse modelo, o objetivo é sempre evitar que o oposto do amor se manifeste quando as ferramentas que o mantêm não são utilizadas, especialmente porque o conforto cognitivo oriundo da preservação do ideal de ego não deve ser abalado. Assim, o colonialismo projetou o modelo de produção e exploração do território também para o campo dos afetos. Por isso, os conflitos, típicos das interações humanas, serão entendidos como perturbação à ordem hierárquica das relações que precisam ser naturalizadas. É preciso, então, reconhecermos que fica difícil construir relações saudáveis quando o medo da violência e do abandono ocupam a centralidade dos nossos pensamentos.

Uma noção de amor deturpada nos faz acreditar que o território do afeto é sempre um campo de forças, onde só um pode vencer. Neste território, a manipulação e a mentira existirão como recursos capazes de modificar o jogo de poder. Haverá também produção de muito sofrimento diante da angústia fundante: a impossibilidade de exercer autonomia diante do outro, especialmente quando este é uma figura de afeto. Talvez por isso você sinta tanto medo de decepcionar alguém quando precisa comunicá-lo que, entre vocês, naquele momento, os planos não convergem. Discordar, bem como comunicar seus desejos, significa iniciar um combate que produz o enfraquecimento do amor e consequentemente faz emergir a punição cristã por meio de desrespeito, violência, abuso e abandono. Ou seja, o trâmite do amor colonial consistirá em abandonar a si próprio como única possibilidade de fazê-lo existir.

É compreensível acreditar que existe pouco ou nenhum amor em nossas vidas se existimos e acreditamos nesse modelo.

Se considerarmos que o amor é a vontade de se expandir para possibilitar o nosso crescimento e o da outra pessoa, teremos a possibilidade de romper com esse ciclo de dor. Exercer a nossa autonomia, ou seja, poder conhecer e comunicar os nossos anseios e propósitos não deve nunca ser entendido como ofensa ao outro. O ato de amar é fomentado por investimento e é ele que nos permite acolher e manejar com respeito e responsabilidade os conflitos. Inclusive compreendendo que isso nada tem a ver com solucionar ou necessariamente encontrar um ponto de acordo. Por vezes, o acerto possível será acatar que não há nada que possa ser feito, considerando a individualidade dos processos de cada um e rompendo a equívoca ideia de que se relacionar é fazer fusão de dois corpos.

Quando conseguimos estilhaçar o medo catastrófico do conflito, nos tornamos mais capazes de construir ferramentas para lidar com ele. Entendê-lo como inerente às trocas entre indivíduos é fundamental para ajustes em relações nas quais o amor é a ferramenta que promove respeito, confiança, generosidade, cuidado, conhecimento e compromisso. Desse modo, fortalecemos os afetos, tornando-os mais saudáveis e possíveis.

Pessoas negras
também magoam
pessoas negras

> *"Fato que eles trancam o conhecimento, te deitam, te cobrem com cimento. Não deixam tu conhecer a si mesmo. Quanto igual a nós matamos só esse mês? O ponto é esse mesmo."*
>
> Bk'

Com a ampliação das redes e o acesso à informação, bem como a pressão feita pelo movimento negro, temos nos mobilizado coletiva e individualmente para o reconhecimento da potência na nossa comunidade. Mas, antes disso, é preciso refletirmos sobre como algumas premissas elaboradas de forma superficial têm nos impossibilitado de romper ciclos violentos unicamente por serem protagonizados por pessoas negras, construindo um falso ideal de contradição entre aquilo que acreditamos e o que fazemos ao apontar um sujeito negro como sendo violento, tóxico e/ou descuidado.

A construção de senso de comunidade deve nos conectar a uma noção de integração, pertencimento, verdade e justiça que nos permita manejar os conflitos e trabalhar as diversidades. Também é fato que a negação de direitos básicos tem nos impedido de trabalhar as complexidades do nosso povo. Assim, a crença na ausência de conflitos como característica de relações saudáveis nos impede de ampliar e reconstruir a nossa identidade, enquanto intoxica as nossas relações.

Ora, se estamos em comunidade, como vamos nos opor, ou até apontar outro sujeito negro como violento/tóxico? Quando começamos o processo de tornar-se, estamos num movimento de reconhecimento da nossa humanidade. Em "a construção do outro como não-ser como fundamento do ser", Sueli Carneiro nos fala que a humanidade negra foi rebaixada e existimos no mundo apenas por meio do ôntico, símbolos que, em consequência da violência do racismo, assumem um caráter extremamente estereotipado e reducionista como cabelos, nariz e traços de modo geral. Falamos disso porque, primeiramente, precisamos reconhecer que a dificuldade de compreender que é comum — e inclusive saudável — que haja conflitos dentro da nossa comunidade é justamente o caminho por meio do qual negamos a humanidade existente nela.

A equívoca ideia de que não pode haver conflitos entre nós promete nos aproximar, mas só causa distanciamento, superficialidade e desumanização. Dentro desse "pacto", no qual não podemos responsabilizar outras pessoas negras, seguimos usando ferramentas brancas que trazem, por exemplo, a culpa e o perdão como estratégias solucionadoras. Considerando a pluralidade da história de cada um, os conflitos podem aparecer nas nossas vidas como eventos que antecedem a violência ou o abandono, por isso é muito difícil para nós imaginar uma situação conflituosa sem associar isso à possibilidade de ser abandonado ou viver a violência. Uma evidência dessa crença é o fato de estarmos sempre esperando que coisas grandes aconteçam toda vez que nos indispomos ou que precisamos ter uma conversa séria com alguém.

A ideia é perceber que existem crenças que são construídas pelas nossas experiências e percepções. Então é claro que, se vivemos em contextos onde a discordância ou o conflito foram sinônimos da violência, dificilmente cresceremos acreditando que existirão outras possibilidades de lidar com este lugar que não a via da guerra. E isso também está conectado com a travessia entre a desumanização e a humanização. Quando compreendemos que estamos usando lentes coloniais sobre a nossa história e, a partir desta compreensão, fazemos o movimento de reconhecimento da multifatorialidade, acolhimento da dor e respeito à individualidade, podemos compreender que a questão central não é se indispor com outra pessoa negra, mas reconhecer que o outro também pode existir, escolher e negar em suas complexidades.

Existem milhares de estratégias que podem ser adotadas para restabelecer novas crenças. A Alteridade (Carneiro, 2005) nos explica que não dá para reconhecer a humanidade no outro sem antes legitimar a nossa. Por vezes, passamos décadas acreditando em medos que sequer têm possibilidade de acontecer no presente, que foram traumáticos e impactantes, mas que ficaram na infância. Por isso falamos da importância, não de desejar o apagamento da nossa história, mas de acessar os eventos do passado e presente para se situar no tempo. Observar o território antes de abrir as feridas do nosso povo, refletir o uso das palavras e questionar velhas elaborações, são marcas do compromisso histórico e político que assumimos ao iniciar o nosso processo coletivo e individual de tornar-se. A lógica da violência branca não cabe à nossa população, muito menos a dicotomia de vítima e algoz, nem este lugar de suposta proteção no qual desresponsabilizamos os indivíduos em nome de um pacto que desconsidera a nossa humanidade.

Quem tá ferido
se compromete a cuidar
de si próprio para
não sangrar no outro
as suas dores

"Quando você não cura suas feridas, a destruição se torna seu legado."

Morena Mariah

É fato que estamos todos imersos numa estrutura psíquica fundamentada no sofrimento. Neusa Santos Souza dirá que as experiências de violência racial tendem a banir todo o pensamento de prazer e todo o prazer de pensar no sujeito negro. Assim, desloca-se o prazer do centro do pensamento, tão necessário para que o indivíduo se nutra de esperança e vontades para continuar a modificar e ser modificado pela vida. Nesse movimento, o sofrimento tem navegado por gerações por meio de automatismos de ódio, crenças paralisantes e desconexão com a comunidade, fortalecendo a sensação de constante desamparo.

Vivemos a violência, de diferentes formas, nos espaços onde deveríamos ter conhecido o amor (**hooks**, 2021), as relações saudáveis e a construção de identidade positiva. A alienação ou a assimilação do sofrimento têm sido os únicos caminhos apresentados para seguir na vida e também os motivos de nos afogarmos em desesperança e solidão. Somos um povo ferido e o nosso maior desafio é romper com os ciclos de sofrimento que reproduzimos incansavelmente.

Temos sustentado o sofrer, mas não bancamos a ação capaz de modificar a realidade. Isso não acontece por acaso: o projeto de produção de sofrimento e morte por meio do assujeitamento tem nos feito acreditar, cotidianamente, que não somos capazes de influenciar, pertencer, interagir e modificar nossas relações. Grada Kilomba (2019) dirá que o sujeito negro é cirurgicamente retirado e violentamente separado de qualquer identidade que possa vir a ter. Assim, as experiências de violência sistemáticas produzem carências materiais e simbólicas que nos imergem em medo, angústia e ódio.

Sem uma noção positiva de si e da sua comunidade, a subjetividade negra tem sucumbido. O auto-ódio tem nos feito enxergar na destruição dos iguais a possibilidade de alienar-se da destruição de si próprio. Assim, sangramos no outro as nossas dores como forma de dar vazão a um conteúdo de desprezo e ódio de si e das suas pertenças que não pode ser contido e, portanto, é endereçado a um semelhante. Assim, também mantemos o esquema de esquiva ou fuga alimentado pelo medo do encontro com os nossos conflitos.

Há quanto tempo você vem emendando um relacionamento no outro para evitar o encontro consigo mesmo? Por que você segue disputando quem sofreu mais? O mergulho no sofrimento é, muitas vezes, um estado onde a vida não é vivida conscientemente. bell hooks (2020) dirá que precisamos reconhecer que não temos conseguido enfrentar tempos de infelicidade sem sucumbir. Isso porque não fomos ensinados a encarar os problemas de frente, não temos aprendido a ter coragem diante dos conflitos, principalmente porque nos sentimos isolados e desamparados em todas as instâncias.

É preciso que paremos de realizar a afirmação narrativa dos nossos ferimentos como justificativa para machucar os nossos iguais. É verdade que os feridos ferem, mas há um equívoco comunitário nesta narrativa. Quando nos comprometemos a reconstruir a nossa identidade pessoal e coletiva, garantimos instrumentalidade para alterar as nossas relações, tanto intra quanto interpessoal. É preciso que haja um compromisso de cuidado e conhecimento de si e da sua comunidade, de forma dialética, para interromper as pedagogias de dor que nos foram ensinadas.

Conhecer a si próprio é um movimento de saber compreender o que é nosso e o que é do outro, evitando mecanismos de punição e transferência. Quando nos conectamos com o senso de comunidade, entendemos que é urgente haver o compromisso e a responsabilidade de não retroalimentar a ideia de que nós, pessoas negras, somos depósitos. Endereçar os desafetos e as angústias aos seus iguais é uma forma de manter operante as mentiras e distorções do espelho colonial.

Há um movimento contínuo e recíproco entre indivíduo e comunidade que não pode ser esquecido. Ainda estamos no início de uma jornada, que começa no ato de não ignorar o sofrimento para poder cuidar de si, mas também em compreender que os desafios não se encerram na superação do branco. Queremos dizer, com isso, que identificar e reconhecer a violência racista é apenas o primeiro passo do grande processo de consciência sobre a nossa pertença racial. Quando podemos enxergar a nossa comunidade para além das marcadas diferenças intergrupos, ou seja, romper com o *nós X eles* e centrar nossas análises em nós, percebemos o quão desconectados e machucados estamos dentro da negritude. Por isso, o amor não é apenas ação individual, mas projeto político: quando recuperamos o conhecimento, o cuidado, o respeito, a responsabilidade, o compromisso e a confiança em nós mesmos, também restituímos a nossa identidade e comunidade.

É preciso lidar com
os próprios demônios
ao invés de procurar
alguém para domá-los

"Nós desejávamos ser resgatados, porque não sabíamos como nos salvar."

BELL HOOKS

Já perceberam como a gente acredita que o amor aparece para "colocar ordem" nas nossas vidas? E mais, já perceberam que essa ordem geralmente vem do lugar de esquecimento do passado e controle do futuro?

É assim que o amor romântico, sustentáculo ideológico do sistema colonial, implanta em nós uma compreensão deturpada sobre o amor, fundada na crença de que a metade da laranja, quando encontrada, promove uma mágica salvacionista capaz de alterar toda a realidade. Aprendemos que é mais fácil ser objeto do que ser sujeito, numa busca incessante por encontrar na existência e presença do outro tudo aquilo que acreditamos nos faltar. Perde-se a capacidade de autodeterminação, vitimando a própria identidade, num esforço que fixa a centralidade da nossa vida num encontro que promete modificar nossa relação com o tempo-espaço, garantindo o acesso ao paraíso pela via de um sentimento intenso, desconcertante e avassalador.

O equilíbrio dinâmico das relações dialéticas se perde. Assim, a ação do cupido transfere para o outro toda a responsabilidade sobre o destino, as vontades e as conquistas do sujeito. O poder curativo deste amor colonial se centra na expectativa de desfazer-se de toda sua história anterior como única possibilidade de acessar uma nova experiência, sob o jugo da figura de afeto. Sem espanto ou contradição, a mágica do amor assegura a plenitude de vida por meio do acesso à sensação de preenchimento e totalidade. Este, então, é um amor que domestica, dociliza e controla as manifestações de conflitos, angústias e sofrimentos, posto que todo o investimento antes oferecido a si próprio deve ser canalizado para o outro.

O poder do amor se manifesta pela construção de dicotomias entre razão e emoção, nas quais a experiência revolucionária se concretiza a partir do abandono da racionalidade. Desse modo, o amor romântico propõe e realiza processos de assujeitamento do sujeito negro, inviabilizando o estabelecimento de relações pautadas na múltipla influência e simbiose da vida. É também por isso que, nas relações interraciais, o amor romântico alcança o seu maior potencial destrutivo, posto que encontra a justa adequação do binômio sujeito-objeto realizado a partir do que Sueli Carneiro (2005) chamará de dispositivo de biopoder, deslocando a alteridade para os confins do não-ser. Não à toa, a mágica das conexões amorosas românticas parecem fazer mais sentido quando a figura do afeto é uma pessoa branca. Afinal, o amor romântico no país do mito da democracia racial também promete encerrar os conflitos raciais, nos fazendo acreditar que as conexões acontecem naturalmente e de forma voraz.

A ideia do amor como salvação para os nossos grandes conflitos está na origem de muitos dos nossos sofrimentos. É lógico que parece mais fácil poder encontrar alguém que te possibilite esquecer tudo, mas, na real, o lugar da ordem é muitas vezes apenas o lugar do tamponamento. E por mais quanto tempo você vai aguentar segurar os medos, as angústias e os desejos que te tomam? Quando a angústia surgir, e ela sempre surge, posto que é inerente à vida do ser social, você vai ter garantido alguma instrumentalidade para lidar com seus demônios ou vai esperar que o outro faça isso por você?

Dedicar toda a nossa atenção ao outro parece sempre uma boa opção para não olhar para si. Não significa que devamos passar todo o tempo analisando a si próprio, mas um observar cuidadoso, questionador e atento para as angústias, perdas, ansiedades, ausências e traumas é a principal ferramenta que temos para lidar com os efeitos desses processos na vida. E, mais do que isso, também fazer conexões que permitam transformar essa observação em elaboração, ou seja, em encadeamento de sentido a partir da sua história. Assim, o ato de saber é um ato de amar. O poder de investigar, conhecer e redirecionar as nossas motivações nos permite construir consciência no existir.

Por isso, reconstruir o amor, entendendo-o como projeto político de emancipação, construção de autonomia e humanização dos nossos corpos-existência é tão fundamental. Não há salvação pelo esquecimento ou controle, porque não há como alguém amansar ou domar as nossas angústias. O processo de cura vai sendo erguido a partir de movimentos de apoderamento da própria história e travessias que nos permitam uma reconexão com as nossas potencialidades.

O melhor caminho ainda é o reconhecimento da existência dos medos, traumas e conflitos como forma de produzir estratégias fincadas na autodeterminação e dignidade para lidar com seus efeitos.

Sobre ter medo
dos sentimentos bons
por não saber
como senti-los

> *"Quando vivemos fora de nós mesmas, e com isso quero dizer com diretivas externas apenas, e não pelo nosso conhecimento e nossa necessidades internas, quando vivemos distantes desses guias eróticos de dentro de nós, nossa vida é limitada por modelos externos e alheios, e nos conformamos com os requisitos de uma estrutura que não é baseada em necessidades humanas, muito menos nas individuais."*
>
> Audre Lorde

Se perguntamos para vocês como é sentir a felicidade no corpo, poucos conseguirão expressar ou sequer pensar em algo que contemple. É muito mais fácil identificar a presença da felicidade nas nossas vidas por meio de evidências palpáveis como conquistas materiais, prêmios de reconhecimento intelectual etc. Usaremos a felicidade como exemplo para compreender, mas poderia ser qualquer emoção considerada "boa", como satisfação, orgulho e esperança.

Primeiro precisamos conversar sobre a romantização e a representação da felicidade. Quando nos questionamos sobre coisas que julgamos não saber sentir, temos um conhecimento prévio sobre como seria a sua realização, mesmo que seja uma dedução superficial. A questão é que boa parte dessas crenças partem do pressuposto de que é o sujeito branco quem sabe, pode e consegue fazer. Por aparecer mais, por ser figura de afeto e humano de referência, o indivíduo branco é a representação daquele que existe, que pode escrever, atuar, filmar e editar, tudo de forma bem precisa e acertada. Enquanto nós, nesse movimento de representar a lata de lixo da história, como nos aponta Lélia Gonzalez, somos jogados no lugar do outro e passamos a não só a ser o aquele que não sabe sentir, como também ocupar o lugar de quem não pode sentir por ser impossibilitado pela sua falta de humanidade.

Sabemos que a forma mais eficaz de dominar um povo é criar condições improváveis de sobrevivência, que violem, recusem e anulem a presença do corpo. Esse poder ganha ainda mais força quando se destroem as possibilidades desse povo de cultivar boas sensações e lembranças. O sentir dos nossos corpos é algo que precisa ser discutido como um ponto crucial do nosso processo de tornar-se negro. Conhecemos a forma como o nosso corpo reage à satisfação?

Neusa Santos Souza (1983), em "Tornar-se negro", fala como existe um estreito quadrante onde o psiquismo do sujeito negro só existe por meio de dor e violência. Romper com essa barreira é investir numa nova representação de si que não depende mais da forma como os outros nos veem, mas da observação de como se constrói esse banco de representações, e da possibilidade de mudar as nossas referências para enxergar potencial individual e coletivo. Se quando pensamos em boas notícias a primeira coisa que nos vem à cabeça é uma representação branca do que seria a comemoração, enfrentamos a inadequação quando percebermos que, sendo quem somos, não será possível expressá-la e senti-la em sua plenitude, já que existe uma inconformidade entre aquilo que somos e o que desejamos ser.

A desconexão com o corpo é um elemento que produz sofrimento. Essa dificuldade de expressar a felicidade, comemorar bons acontecimentos ou enxergar o próprio corpo é sobre a nossa falta de repertório, mas diz também sobre a expressão de crenças muito maiores que temos sobre nós. Fazer o movimento de volta ao passado e restituição da nossa identidade garante que tenhamos a possibilidade de refazer as noções de nós. Passamos décadas acreditando que não sabemos amar pela forma como as pessoas dizem que nos expressamos e, durante todos esses anos, escolhemos não investigar o caráter duvidoso dessa afirmação, estacionando no auto-ódio.

Amor romântico: um acorrentar desde as embarcações

> *"Desobedecer a depreciação de si e do outro é um ato corajoso de amor".*
>
> Geni Núñez

S eguimos à espera da pessoa encantada, capaz de enfeitiçar nossas percepções e promover o apagamento de todas as dores anteriores. A mágica da objetificação, que mais uma vez nos impede de ser sujeito dos nossos desejos, cria uma lógica onde é fácil ser objeto, especialmente para nós, que historicamente ocupamos este lugar. No amor romântico, as idealizações são construídas para nos desconectar do passado e nos prender a um sentimento eternamente avassalador e completo.

Muitos falam sobre a incompletude ser a chave do amor. Encontrar a metade da laranja é o objetivo dos amantes que, desde os filmes, compreendem que a diferença, o sacrifício e a dificuldade são a base da construção do amor. Mas, no nosso caso, a parte que falta pode até ser encontrada, porém existe uma incompletude anterior, e aqui lembramos de Sueli Carneiro (2005) que pontua que, quando nos é negada a dimensão ontológica, temos rebaixado o estatuto da nossa humanidade. Isso impede que encontremos o amor romântico, porque, primeiro, precisamos existir enquanto humanidade para, só então, encontrar a "parte que falta".

Não é difícil identificar a presença do amor romântico em nossas vidas. Esse amor é construído por meio de dispositivos de controle que nos aprisionam em possibilidades únicas: vivemos à espera de um amor que nos domine e transforme tudo de ruim ou indesejável em harmonia e compaixão. Como num conto, o amor romântico nos desloca do sofrimento e promete nos inserir num contexto fantasioso. Lembrando que a fantasia é essencial para a existência criativa, as coisas precisam primeiro existir no campo imaginário para que depois possam se concretizar, mas aqui não falamos da fantasia enquanto potência criadora, falamos de um elemento que escamoteia a realidade, normatiza os padrões do sentir e nos limita à ideia de que existe uma história pronta, um roteiro que precisa ser seguido para que possamos ser encontrados e salvos por esse amor.

No amor romântico, não há autonomia do desejo. Como tudo nele gira em torno do outro, somos marcados por várias formas de viver o cárcere. Cláudia Kathyuscia (2020) fala que a nossa relação com o cárcere vem desde as embarcações e que estão para além do território e da geofísica. Enxergar a subjetividade como território também é um caminho para compreendermos como as políticas de castração agem e se retroalimentam a partir de automatismos que estão inseridos, há séculos, nas nossas práticas. O amor romântico não afeta apenas a forma como vivemos a afetividade. Quando compreendemos que ele existe como uma política, podemos observar as crenças sendo atravessadas e moduladas de acordo com as regras que constroem essa ideologia.

Precisamos pensar o amor romântico como um vetor que atravessa a nossa forma de olhar o mundo, não apenas como uma camada dentro das possibilidades de amar. Ele modula a nossa subjetividade e produz distorções que não só nos afastam do amor proposto por bell hooks (2020), como também produz adoecimentos que vão desde a impossibilidade de criar laços afetivos, até crenças totalizantes que minam o nosso autoamor. Não há possibilidade de, sendo quem somos, não sermos afetados pela forma como o amor romântico se projeta sobre a nossa imagem e instala dispositivos de auto-ódio contra corpos negros, na medida em que associa o corpos brancos ao favoritismo afetivo.

O amor romântico está embutido nas nossas práticas de acolhimento, nos nossos desejos e nas nossas expectativas. Comumente, ouvimos discursos nos quais a representação estereotipada daquilo que deveria ser uma performance do amor não corresponde às expectativas do sujeito e este, por sua vez, entra num processo de frustração e descrença na afetividade que o impede de olhar o cenário de forma crítica. O amor romântico propõe uma série de associações que inicialmente parecem inofensivas, mas que, quando complexadas, mostram que estão completamente embrenhadas e associadas ao nosso funcionamento. Por esse motivo, ainda que tenhamos a percepção da existência do amor romântico como uma política de cárcere, precisamos observar quais ferramentas usamos para cumprir ou autorrealizar as profecias impostas por ele.

Quando falamos em profecia, trazemos este "elemento místico" para compreender que existe uma grande participação do abstrato na forma como decidimos e acreditamos que deveriam ser as manifestações amorosas. Por exemplo, o caráter avassalador e as determinações do destino são dois elementos que estão na base romântica e transformam eventos alarmantes em pressupostos especulativos e impalpáveis: "No fundo, ele gosta, só não sabe expressar e às vezes explode" ou "nós somos opostos e é justamente isso que possibilita a nossa união". Notem que a ideia do amor como um sentimento latente nos faz acreditar e aceitar que manifestações descuidadas e violentas sejam naturalizadas, e, numa espécie de conformismo, assimilamos que quem ama pode "explodir às vezes" ou ter crenças completamente opostas e é justamente isso que viabiliza que o amor seja vivido.

A onipotência do amor é um dos mecanismos que nos acorrenta ao assujeitamento. Esse amor como superação das adversidades, e como um sentimento que tudo vence, caracteriza um dispositivo de controle do corpo e da mente que impõe a marca da miserabilidade afetiva. Ou seja, somos confinados e nos confinamos em ciclos onde a disfuncionalidade é exatamente o caminho pelo qual o amor prova sua potência. Com certeza vocês já ouviram que uma das maiores provas de amor consiste no ato de abrir mão daquilo que queremos para oferecer ou escolher o outro. Isso segue a mesma lógica do sacrifício como marca do amor e elemento recompensador. Percebem o cunho católico?

Um dos maiores desafios da descolonização é justamente se desfazer de crenças que envolvem a afetividade. O movimento de questionar e desconfiar das nossas reações emocionais está no início e durante todo o processo de descortinar-se. Deslocar-se desse campo no qual os eventos são explicados por uma falsa intuição colonial permite que possamos nos aproximar daquilo que de fato conecta, isto é, que de fato se relaciona com as noções de amor que cabem no nosso arcabouço cognitivo.

 O movimento de refazer a nossa identidade exige que tenhamos o compromisso de lidar com o desconhecido e ainda assim compreender que é parte do processo acessar versões de nós que sequer suspeitávamos que existiam. Quando nos descobrimos no amor proposto por bell hooks (2020), compreendemos que as idealizações e suposições do amor romântico precisam ser substituídas pela prática de agir e experimentar. Nenhum de nós nasceu sabendo o que funciona para si, e é justamente quando saímos do eixo do que é supostamente "conhecido" e "seguro" — mas na verdade constitui um comportamento automatizado — que podemos acessar as dimensões do amor e suas complexidades.

Quem perde
quando o amor
vira jogo?

"Todo padrão é vício, todo padrão é vício."

Djonga

O amor como um jogo é um tentáculo do amor romântico. Comumente, partilhamos de crenças extremamente contraditórias sobre como devemos agir no amor. Uma vez que, na nossa cultura, os valores e regras estão inseridos numa lógica católica, precisamos observar essa suposta necessidade — que aprendemos a ter — de acorrentar nossas almas a outras até que a morte nos separe através de um jogo de tabuleiro.

Todos já ouvimos o enunciado: "Você precisa agir com a cabeça, não com o coração". Pode até parecer inócuo, no entanto, esta é uma das principais crenças sobre o amor como um jogo em que, numa lógica colonial, acreditamos que existe uma cisão de ideologias entre aquilo que é sentido de forma efêmera e boba, pelo coração, e aquilo que é racionalmente e estrategicamente desenvolvido pela mente.

É muito mais cotidiano do que parece. No amor como um jogo, vivemos ameaçados pelos desejos do coração, como se qualquer vestígio de sentimento fosse vazar e expor aquilo de mais fraco que temos.

Mas vamos voltar um pouco. Essa crença na cisão entre coração e mente, ou corpo e mente, nos confina em dicotomias que confundem e desenvolvem uma espécie de contenção de tudo que seja manifestação do sentimento, representando derrota e frustração caso vaze aquilo que tentávamos esconder. Os homens negros são atingidos em cheio por esta. Desde muito novos, aprendem que expressar é ainda menos importante do que sentir, vivem suas adolescências sem nenhum ou muito pouco acolhimento e crescem acreditando que podem controlar a paixão fugaz por meio do poder da mente.

O amor como um jogo é extremamente contraditório e confuso e, ao mesmo tempo que exige atenção, impõe distração. Ou seja, você precisa estar suficientemente atento, para não deixar o amor escapar, mas nem tanto, porque faz parte do amor romântico o lugar da desvalorização como uma demonstração da valorização. Percebem a confusão? Outro exemplo é a forma como tornamo-nos "falsos sujeitos de ação", e supostamente cercamos os desejos do outro no primeiro momento, agindo de acordo com aquilo que acreditamos ser a melhor estratégia. Atuamos de forma a transparecer que aquele é nosso desejo, quando na verdade diz sobre uma ferramenta para manipular a situação.

Outra crença extremamente problemática está no desejo pelo poder como motivação central. "Ao mesmo tempo que eu dito as regras, também me deixo levar para o outro acreditar que é ele quem manda" — percebam que aqui não falamos sobre um movimento de flexibilização no qual identificamos aquilo que está dentro do nosso limite e do outro para agir, mas do poder de escolher estrategicamente a mentira como recurso e, numa lógica violenta, fazer o outro acreditar que também tem voz ativa/poder, quando na verdade esta crença do outro é o que garante o poder por meio do lugar da enganação. Quando fingimos que algo não é importante para evitar que o outro nos veja despido e acreditamos que isso é sobre expertise, estamos claramente nos afundando em relações e métodos falidos.

O jogo do amor elabora-se na dicotomia da perda ou ganho, hierarquiza as relações e impede as expressões do desejo, impossibilitando que a comunicação aconteça de forma real e saudável. Quando dizemos real, pensamos no quão fantasioso o jogo do amor pode ser, seja pela elaboração de um cenário fictício, ou pela crença de que, estando num tabuleiro, podemos antecipar e prever os movimentos do outro. O jogo do amor romântico não se joga sozinho, portanto presume-se que o outro também está jogando e construindo estratégias para obter o único resultado final desejado: ganhar e consequentemente fazer perder/derrotar.

É importante refletirmos individualmente sobre o significado do lugar de quem ganha. O que significa ganhar quando estamos todos sendo e nos relacionando com personagens? Como nos diz bell hooks (2020), em um mundo sem amor, o desejo de conexão só é possível através do poder. A habilidade de construir o amor não é sobre um dom, muito menos sobre um jogo de peças. Quem se diz disposto a conhecê-lo precisa perceber que jogo alienado do amor é uma estratégia falida.

Solidão da mulher negra não é sobre ausência de amor

"Não dá para falar em consciência humana enquanto pessoas negras não tiverem direitos iguais e sequer forem tratadas como humanas."

Djamila Ribeiro

Durante a vida, comumente ouvimos que vamos ficar sozinhas. Essas crenças, que afastam a solidão de ser vista como um processo político, ignoram a complexificação do elemento e, numa lógica romântica, nos encarceram ao amor como um ente que nos resgatará de toda a consternação. bell hooks (2010), em "Vivendo de amor", fala sobre a necessidade de reconhecermos que a exploração e a opressão distorcem e impedem nossa capacidade de amar.

Há séculos, vivemos o desamor. Esse movimento de reconhecimento do impacto da exploração e opressão é indispensável para compreendermos os constituintes da solidão. A crueldade da branquitude, os sistemas de aprendizagem machistas, as inúmeras barreiras institucionais e o genocídio, são mecanismos que nos confinam a uma existência marcada pelo adoecimento. Essas práticas nos advertem cotidianamente e mobilizam nossos afetos, comportamentos e cognição.

Em Kindred, Octávia Butler (2017) fala sobre como Dana, a personagem principal, foi astuta em observar os padrões da violência do senhor e nomeá-los como ferramentas de controle. No livro, o feitor tinha como regra que todos os negros devessem largar o que estavam fazendo para assisti-lo chicoteando seus irmãos. Numa espécie de pedagogia, disciplinava e construía uma atmosfera de terror ao fazer o violentado e o futuro violentado se olharem, implantando o medo como contenção. Ainda hoje não é diferente: somos atravessados por estímulos que associam a nossa existência a signos de morte, violência e desamor.

A questão é identificar a procedência daquilo que nomeamos solidão, porque temos perdido as possibilidades de complexificar o tema enquanto população por seguimos acreditando que só existe uma solidão, que ela só atravessa mulheres negras e que diz sobre a ausência amor-romântico, ou o amor afetivo-sexual. Não é que pensar a afetividade seja menos importante — muito pelo contrário, a maioria de nós não faz parte do mercado afetivo, nunca teve experiências saudáveis dentro da afetividade e acredita que este é um carma —, mas precisamos nos observar, porque é no mínimo estranho que passemos tanto tempo pensando sobre não ter ninguém e tão pouco pensando sobre as políticas de silenciamento embrenhadas nas nossas crenças de modo geral.

Diariamente, recebemos mensagens de pessoas negras em um estado de sofrimento alarmante no mercado de trabalho. Desvalorização das ideias, silenciamento, violências de cunho sexual, linguagens inapropriadas, diferença salarial, síndrome do impostor, dupla jornada, passaríamos o livro inteiro citando violências cotidianas que pessoas negras experienciam em seus trabalhos sem nunca, dizemos nunca, terem sequer tocado no assunto com uma colega de trabalho ou em espaços mais íntimos para desabafar. O próprio processo de tornar-se negro tem a solidão como uma das principais marcas. O afastamento de algumas relações e as mudanças no fenótipo são comumente relatados como as experiências mais solitárias dentro do processo. "Uma sensação de abandono e constante inconformidade", disse uma aluna.

O abandono também é um elemento importante para pensarmos a solidão. A lógica do "um para um" nos fez acreditar que um único abandono, o paternal, por exemplo, foi o responsável por todo o sofrimento ou trauma experienciado durante a vida. É injusto que, pensando famílias negras, não nos debrucemos na ampliação do quesito abandono para observar, não necessariamente a origem — pois sequer temos acesso a esse banco de dados —, mas como múltiplos abandonos institucionais (família, estado, rede de apoio, escola etc.) foram construindo e alimentando o lugar do desamparo.

Este processo não pode ser diferente para pensar a solidão. Considerar a multifatorialidade é principalmente sobre respeitar a nossa história. Ninguém nos conhece tão bem quanto nós mesmos, e isso significa que, dentro do processo de tornar-se negro, nós devemos nomear essa solidão fazendo uso de ferramentas que ampliem as noções e crenças que temos sobre aquilo que supostamente falta.

Pedimos muito por um amor, enxergamos nele a salvação, mas, quando ele chega, somos atravessados pela frustração da insuficiência. Amor não cura solidão.

É significativo pensar que solidão não é sobre ausência de amor e sim sobre existência de dores e vazios, e esta é uma política que assola toda a população negra. Precisamos entender que não estamos falando sobre a solidão que é sanada por coisas que são palpáveis. A solidão de pessoas negras é uma violência colonial que permanece nas atividades cotidianas do brasileiro, porque mantém sistemas que beneficiam há séculos uma rede de ideologias genocidas que, de forma cotidiana, ceifam as nossas possibilidades de olhar para a nossa comunidade a partir de outro lugar que não da solidão e do sofrimento.

Como experienciar o amor num corpo que sente diariamente o medo?

> *"Quando amamos, não permitimos mais que nosso coração seja aprisionado pelo medo. O desejo de ser poderoso se enraíza na intensidade do medo. O poder nos dá a ilusão de termos triunfado sobre o medo."*
>
> BELL HOOKS

É possível para um corpo que diariamente sente o medo distinguir um toque de amor de um toque de violência? Nossos corpos são memória e sensação, e estes processos psicológicos estão cotidianamente associados ao medo da violência. Um toque de afeto pode produzir medo tal qual o vivido numa abordagem policial, assim como um toque de intimidade pode ser traduzido pelo nosso corpo como um abuso. Isto porque nem sempre podemos viver a intimidade, com a gente e também com alguém.

Provavelmente você tenha discordado ou até achado problemático a afirmação sobre confusão de toques. Aqui, não queremos dizer que esta desordem acontece literalmente, pois sabemos que um contato amoroso se difere, em absoluto, de um toque de abordagem policial. O contexto e a percepção estruturam a diferença, mas falamos da tradução destes estímulos feitos em um corpo que se aliena em seus sentidos como estratégia para lidar com a violência cotidiana. Isso aparece em formas pouco exploradas de viver a intimidade entre corpos e consigo mesmo; não o observar com atenção e cuidado, não o tocar com tranquilidade e lentidão, não senti-lo em sua totalidade. Não produzimos, então, um conhecimento ou conexão que nos permita acessar o prazer na nossa relação com o nosso território e viveremos constantemente a vergonha e o medo como principais sensações corporais.

Para entender isso, vamos precisar consultar Neusa Santos Souza, quando diz que o racismo tende a banir da vida psíquica do sujeito negro todo o pensamento de prazer e todo o prazer de pensar. Apesar da construção histórica de recursos como a dança, os banhos de ervas e as práticas de recolhimento, não temos tido a possibilidade de viver o corpo plenamente. Estar alienado do corpo significa não o sentir e não vivê-lo como mediador e produtor de movimentos, sensações, ritmos, emoções e interações. Por vezes, podemos sentir angústia fruto da inconformidade entre o desejo de ser amada e a dificuldade de lidar com o toque físico e as demonstrações corporais de afeto.

Historicamente, as associações entre corpos negros e prazer são puramente mecânicas e performáticas. O negro ou a negra hipersexualizada são faces de uma moeda colonial onde o valor se constrói pelo serviço, ou seja, o prazer que estes podem oferecer, mas quase nunca sentir. Você pode ser extremamente viril e nunca ter experienciado o prazer. Em alguns casos, já ouvimos afirmações que diziam *"o meu prazer é oferecer prazer"* ou *"sinto prazer quando percebo que minha parceira sente prazer"*. Mas onde você e o seu corpo estão nestes trâmites íntimos-amorosos? Não há sensação, estímulo ou toque particular que você conheça e deseje sentir numa troca afetiva?

Intimidade demanda conhecimento, confiança, compromisso, respeito, atenção e responsabilidade. Mas a experiência do medo em nossos corpos é capaz de converter conhecimento em silêncio, dor e mentira, principalmente na nossa relação com a gente mesmo. Milton Santos dirá que território é identidade, fato e sentimento de pertencer àquilo que nos pertence, elevando as nossas relações a um patamar mais profundo. O medo, então, agirá nos nossos corpos, enfraquecendo as conexões e tornando nossa compreensão sobre ele cada dia mais desconhecida.

O corpo-alvo é um território de memórias. Estas guardam informações, mas também afetos e aprendizados. Se não complexificamos o nosso armário de emoções e sensações, principalmente no sentido de permitir que o prazer e a intimidade tenham um lugar, estaremos sempre vestidos com o medo. Subverter esta lógica demanda movimentos e travessias que nos garantam flexionar a nossa carne, dando a ela atenção e maleabilidade. Significa poder sentir o afeto e o prazer também na ausência de alguém; negociar consigo mesmo as navegações, as permissões e os limites a partir do conhecimento do seu território.

Apropriar-se de si, que é o movimento de conhecer sua história, suas potencialidades, suas vulnerabilidades e seus desejos é o caminho para romper com o medo. Assim como a reconexão com a sua comunidade, para construir uma noção de pertencimento, valorização e identidade que nos permita pensar o passado e planejar o futuro.

Se o medo está posto como realidade, que possamos — além de combatê-lo coletiva e politicamente — utilizar todas as ferramentas disponíveis para manejar seus impactos e construir novas respostas corporais que nos permitam, apesar dele, viver o prazer, o amor e a intimidade.

Você realmente precisa ser escolhida? A escolha e a espera

"Você pode me disparar com suas palavras, pode me cortar com seus olhos, pode me matar com seu ódio, mas, ainda assim, como o ar, eu me levantarei."

Maya Angelou

Falamos muito sobre o desejo de sermos escolhidos como a única possibilidade de acessar o amor, mas dificilmente pensamos nas implicações desse discurso. A impossibilidade de fazer escolhas, o medo do outro e a fragmentação da noção do "eu", são alguns dos muitos sintomas do assujeitamento. A dificuldade de reivindicar nossos desejos está na origem deste conflito, como um traço da falta de estímulo e de uma socialização afetiva que reconheça a nossa humanidade.

Quando pensamos nas frases "nunca fui escolhida" ou "preciso ser escolhido", entendemos que existe uma manifestação do nosso histórico de rejeições e apagamentos como elemento latente, porém não podemos deixar de pensar na passividade envolvida nessas frases que sugerem imobilidade e submissão. Neste processo, seguimos ansiando pelo desejo de sermos objetos da escolha do outro, nos dispondo totalmente à vontade deste em detrimento do apagamento das nossas complexidades, nossos conflitos e nossos processos anteriores e, principalmente, do desconhecimento e desvalorização do nosso desejo.

Na maioria das vezes, nem temos uma noção prática do que queremos em um relacionamento. Já parou para pensar que passamos tanto tempo desejando algo e sequer imaginamos ou conseguimos colocar em palavras? As noções românticas incumbidas a nós fazem acreditar que este objetivo de "encontrar o amor" ou de "sermos escolhidas" precisa ser visto como crucial para nossa existência enquanto mulheres. E aqui falamos não só do desejo de se relacionar como também do lugar da espera, que historicamente são papéis assumidos por mulheres, caracterizando um estado de passividade e fragilidade. Mas será que falamos de mulheres negras?

Existe um sentimento de incompatibilidade quando pensamos nesta encenação onde, de forma frágil e servil, desenvolvendo uma performance que envolve o gênero dominante, percebemos que mulheres brancas são as únicas capazes de atuar neste lugar. Essa incompatibilidade nasce da colisão de atravessamentos que, de forma racista e misógina, impõe crenças românticas que são assimiladas e creditadas como ferramentas de conquista, e não como práticas afetivas reducionistas e disfuncionais para nós mulheres negras.

Aqui, acontecem múltiplos apagamentos, especialmente das manifestações dos nossos desejos. Se o fato de sermos escolhidos não depende de nós, e acreditamos que apenas ser escolhidos basta para realizar esta profecia do amor, o que fazer quando o desejo do outro não nos contempla? Agimos como se o nosso "sim" já estivesse colocado à mesa, e esquecemos de dois pontos: o primeiro é como pode se apresentar de forma problemática e superficial este lugar de "ser escolhida", impondo uma espécie de unilateralidade dos afetos, e o segundo é quando acreditamos que apenas escolher basta, como se isso funcionasse como um pacto de comprometimento da escolha. A lógica do "ruim com ele e pior sem", que há décadas confina mulheres negras em relacionamentos extremamente tóxicos e violentos, é a mesma que nos faz acreditar que contratos e escolhas são sinônimos de cuidado, acolhimento, respeito e confiança.

Comumente, discutimos sobre os limites da disponibilidade, em que, num movimento de servidão de nós, nos oferecemos totalmente para o outro, como se vivêssemos numa prateleira e não carregássemos uma vida própria, aguardando qualquer sinal de interesse para dispor até aquilo que não temos. Nessa barganha, abrimos mão do lugar de sujeito das nossas relações para desejar o desejo do outro. Sabemos que, historicamente, a população negra foi afastada do mercado afetivo e aproximada do mercado servil. Por consequência disso, acreditamos que a única coisa que temos para oferecer é o serviço, fazendo uso disso até nas vias afetivas.

Outro ponto bem interessante é a espera. O que fazemos enquanto esperamos? Quais expectativas criamos quando não nos debruçamos no processo de amar? Falamos de expectativa não como algo que precisa ser banido, mas como idealizações que não nos permitem lidar com o humano. As expectativas do assujeitamento nos paralisam na desumanidade. Quando não temos a possibilidade de testar caminhos e conhecer novas perspectivas, vivemos depositando no outro versões utópicas das nossas expectativas. O que você tem feito além de esperar que alguém te salve de si mesmo?

Não enxergar a raça
das suas paixões
vai te exterminar do futuro:
alienação das escolhas
afetivas e descompromisso
comunitário

> *"O filho mulato e o neto quase branco representam uma louca vingança, suicida e homicida, contra um corpo e uma "raça" que, obstinadamente, recusam o ideal branco assumido pelo sujeito negro."*
>
> Neusa Santos Souza

2022 e o seu cupido só flecha pessoas brancas? Já acabou a escola e a faculdade e você ainda tem um ciclo de amizades inteiramente branco?

É fato que a farsa do Brasil como paraíso das raças, no qual a fusão dos diferentes produziu uma única identidade nacional, criou muitas crenças mentirosas que ainda nos orientam. A despolitização dos afetos tem mantido as discussões sobre racismo "da porta para fora", mantendo intacto o plano de extermínio da população negra que acontece "dentro do coração". Assim, fica fácil ver a violência racial se desenrolar no espaço do trabalho e até nas interações familiares, mas quando você, pessoa negra, pensa no cuidado, intimidade e carinho, ainda é a figura branca com quem você sente que "a energia bateu"?

O amor é visto como uma mágica transcendental e não como uma escolha nutrida por propósitos de união, fraternidade e futuro de si e da sua comunidade. Você deve estar se perguntando "eu preciso amar por mim ou pela minha comunidade?". Respondemos dizendo que esta pergunta só faz sentido num país que cotidianamente massacra a identidade negra. Quando o senso de comunidade está presente, a partir de identificação, valorização, pertencimento, integração e comunhão, somado ao amor como ação de propósito e projeto de futuro, as escolhas afetivas acontecem considerando a autonomia do sujeito. Ou seja, a possibilidade de genuinamente escolher a partir de verdades complexas, e não de se limitar a partir de simplificações exageradas.

Quando você escolhe amar uma pessoa branca, você o faz considerando ideais associados à brancura, como beleza, inteligência, sofisticação e limpeza. Esse movimento não poderia existir sem a alteridade, que é o reconhecimento pela similaridade e interdependência humana. Porém, como Sueli Carneiro (2005) discorre, no racismo, a alteridade é deslocada para os confins do não-ser. Ou seja, uma dimensão comparativa na qual a negritude existe a partir de tudo o que a branquitude deseja negar em si própria. Não há, portanto, como ver a beleza e a inteligência naturalmente investidas na figura branca sem que, ao mesmo tempo, identifique em si próprio e na sua comunidade a ausência destes mesmos atributos.

O amor entre diferentes raças, no Brasil, fundamenta-se em hierarquias e agressões silenciosas. Por isso, linguagens subliminares precisam deixar de ser usuais. Esta linguagem, apropriada por nós, que diz "foi este branco que me ofereceu amor, apoio e companhia", ao passo que ocultamos a mensagem de "para mim que sou negra e o destino reserva a solidão", ou "apesar de ser negra e não ser digna do amor", seguidos da frase "este branco até que me ofereceu amor, apoio e companhia".

Mais do que reconhecer os favores do amor branco, que consigamos nos atentar ao destrinchar das frases e interromper estas informações que temos usado para nutrir o nosso corpo-existência. Este amor interracial e colonial tem guardado mensagens de ódio, desprezo e medo sobre você, mas também sobre o seu povo. Ou seja, o conteúdo da violência não exclui o sujeito para ofender a raça, e sim utiliza a pertença racial do sujeito para ofendê-lo ao passo que também ofende toda a comunidade.

Onde você se coloca nisso tudo? Você tem escolhido desconsiderar ou examinar a raça dos seus amores? Sem o despertar desta consciência, seguiremos acreditando que o coração ou o amor não escolhem cor, quando na verdade se orientam para realização do plano de extermínio. Sabe aquela tendência de moda que no início você não gostava, mas meses depois se pegou querendo? Então, a brancura é uma tendência que nunca saiu de moda no Brasil. Todos os dias, os nossos sentidos são alimentados para desejar o branco. E vocês sabem: o que os olhos veem, o coração deseja.

Na sociedade do consumo, a brancura é o produto mais desejado e mais consumido. Quase não percebemos, mas o projeto da alienação racial é mantido operante por meio da ausência de consciência na absorção de informações, símbolos e produtos. Das blogueiras que você segue, quantas são parecidas com você? Dos casais que você acompanha e admira, em quantos as trocas amorosas são protagonizadas por pessoas negras? E os conteúdos profissionais que você consome, quantos são os mentores negros? Parecem perguntas simples, que poderiam facilmente ser encerradas com a ingênua resposta "sigo eles porque gosto do conteúdo, não tem nada a ver com a imagem".

É claro que, durante anos, consumimos de forma passiva apenas o que a televisão e o rádio nos ofereciam. Mas agora que você supostamente "controla" o que consome e escolhe, por que tem escolhido fazê-lo de forma inconsciente e alienada dos seus processos? O projeto de futuro do nosso povo começa com a nossa ação de investigar e reorientar os nossos desejos.

O interesse branco
não é uma vingança
para o nosso povo

*"De mão dada com ela todo mundo espia
Todo mundo grita e diz que a sorte é minha
Por que é sorte minha?"*

BK'

A farsa que mantém a despolitização dos afetos transformou o racismo em crime perfeito. Engana-se quem acredita que o racismo está apenas no campo social. Aqui, precisaremos entendê-lo como estruturante de cognição, afetos e comportamentos. Ou seja, uma guerra travada no campo do conhecimento, a partir de linguagem, signos e significados que orientam os nossos processos psicológicos — como memória, sensação, motivação, pensamento e aprendizado — muito antes de se transformar em ação.

A farsa da democracia racial brasileira, associada ao poder ideológico cristão, construiu estórias, ou, como nos ensinou Conceição Evaristo (2017), contos para ninar os da casa grande, como aquele que afirma "o amor não tem cor". Nesse sentido, a flecha do cupido assume as mesmas feições de imparcialidade e neutralidade que, na verdade, tem cor e posicionamento. Não te parece estranho que você sinta conexões verdadeiras sempre com mulheres brancas? Ou que tenha a sensação de que "o santo bateu" apenas com homens brancos? O deslocamento das motivações e dos interesses amorosos para o campo das emoções nos permite acreditar na farsa de um amor espontâneo, amorfo e irracional. Acreditar que você "simplesmente sente", de forma inexplicável, é um erro que tem custado caro ao propósito de futuro que desejamos.

Somos seres sociais e racionais. Ou seja, construímos a nós e ao mundo a partir das interações com o outro, e estas relações são mediadas pelo conhecimento. Assim, aprendemos e sintetizamos informações que nos permitem viver o mundo a partir de processos automáticos ou elaborados. Quando um objeto é captado pelos nossos sentidos, acessamos o nosso banco de dados a fim de buscar elementos para o tornar inteligível. É nessa consulta, que converte o signo em símbolo — ou seja, o movimento de atribuição de significados a um objeto —, que atua o racismo. É racionalmente mais fácil sentir emoções positivas ao se deparar com uma imagem que denota pureza, ingenuidade, beleza e limpeza. Do mesmo modo, é mais provável sentir emoções negativas quando visualiza algo que te lembra sujeira, feiura, maldade e perversão.

Falamos do racismo como uma antecipação de sentidos que constrói um acervo de significados aprendidos, transmitidos e socialmente compartilhados sobre traços fenotípicos, culturais, artísticos e relacionais. Tudo que é símbolo está atravessado por esta articulada e poderosa maquinaria de estruturação social. São estes símbolos que nos feriram até o coração e nos fizeram crer numa identidade indigna e incapaz de vivenciar o amor. E é na possibilidade de viver uma relação interracial, na qual os extremos de poder constroem um falso equilíbrio e unidade dinâmicos, que o desejo de simular a igualdade encontra expectativa de satisfação. A união entre o limpo e o sujo, entre o feio e o bonito, remontam uma lógica de redenção cristã por meio da qual o sujeito negro, massacrado em sua identidade, acredita que pode alcançar a salvação.

O crime perfeito se manifesta em repertórios discursivos que ocultam algo que não se pode deixar vazar. O mito da beleza que nada tem a ver com características estéticas brancas ou a crença no mérito de receber sempre mais uma chance desviam do conteúdo racial e político dos afetos. O comportamento social de apoio e aprovação dão a legitimidade e o pertencimento necessários para prosseguir. Assim, nos tiram a possibilidade de tratar este assunto a partir do enfrentamento, da verdade e da justiça. Quando as forças coloniais encarnadas no sujeito branco separaram as nossas famílias, venderam os nossos filhos e assassinaram os nossos companheiros, pregaram o sofrimento e o ódio na égide das nossas formações relacionais, nos fazendo crer que este é o único destino reservado aos que insistem em se escolher por acreditarem que são dignos de construir responsabilidade, compromisso, respeito, confiança, cuidado e conhecimento. Como afirmou Sueli Carneiro:

> "[...] na tentativa de diminuir o medo e a ansiedade causados pela possível semelhança ou dessemelhança entre eu e o outro, reproduzo imagens que me aproximem do positivo e me afastem do negativo."

A vivência do amor com uma figura branca como possibilidade de acessar o poder simbólico e representativo, estampado no fato de ser visto, bem recebido e integrado ao tecido social, revelam a tragédia originária dessas relações. Isto porque expõe o desejo de ter um lugar para desaguar suas potencialidades e colher dádivas dos outros, fundamentos da noção de comunidade. Buscamos-na, mas investimos nossa energia espiritual, mental e física em encontrá-la na fonte do nosso sofrimento. Esse desejo, assaltado e renomeado pelas forças hegemônicas, endereça nossos investimentos inteiramente a um outro-branco, nos fazendo esquecer das nossas qualidades pessoais e conquistas comunitárias.

De que modo pode se realizar uma suposta revanche histórica se estamos desconectados da nossa comunidade e orientados por símbolos coloniais? Ontem você era o neguinho feio que o amor era motivo de piada, mas agora é desejado por mulheres brancas? Sueli ainda dirá que:

> "Qualquer homem negro, por mais famoso que seja e por maior mobilidade social que tenha experimentado, não tem poder real. Não é dono dos bancos, não tem controle das grandes empresas, não tem representação política ou reconhecida importância intelectual e acadêmica. Estes são os elementos concretos que investem de poder as pessoas ou segmentos em nossa sociedade."

Ou seja, é preciso estar desconectado da coletividade e essencialmente centrado no individualismo colonial para acreditar que há execução de vingança ou vitória no interesse de pessoas brancas. Quando falamos do processo de tornar-se negro, pensamos a reconstrução do senso de comunidade como premissa para o avanço no autoconhecimento e cuidado de si. Sobonfu Somé (2018) afirmou:

"Quando você não tem uma comunidade, não é ouvido; não tem um lugar em que possa ir e sentir que realmente pertence a ele; não tem pessoas para afirmar quem você é e ajudá-lo a expressar seus dons. Essa carência enfraquece a psique, tornando a pessoa vulnerável [...]"

Não falamos, então, de fiscalização ou condenação das escolhas afetivas, porque entendemos a importância de olhar para o conteúdo que se tenta tamponar ao sustentar discursos superficiais como os que apresentamos no início deste texto. Quando podemos, a partir do processo de tornar-se negro, reconstruir as bases ideológicas que nos orientam, resgatando a nossa história e comprometendo-nos a recriar nossas qualidades a partir da comunidade, nosso potencial se expande. Desse modo, podemos nos conectar, reconhecer e executar os nossos propósitos. A partir daí, se desfazem as crenças que mantêm vivos os ciclos de adoecimento dos contos coloniais.

A amiga negra da protagonista branca: relações interraciais criam marcas na nossa existência

> *"Em uma conversa com uma menina branca*
> *Ela disse que odeia as cantada no busão*
> *É nojento eles passam a mão*
> *Que não anda mais de busão*
> *E a moça da área que foi abusada no busão*
> *Enquanto o caso 'tá em apuração*
> *Ainda é cobradora no busão"*
>
> Djonga

Quando falamos em racialização, trazemos a importância de considerar a pertença racial como um elemento modulador de nossas crenças, nossos afetos e nossa cognição. Isso exprime que a significação social dos nossos corpos, como nos aponta Isildinha Nogueira (2021), ocupa lugares completamente diferentes no mundo e que a pertença racial aparece como elemento determinante em signos como poder, beleza, inteligência e principalmente humanidade. A racialização existe como uma ferramenta científica que responsabiliza e situa os indivíduos na estrutura social:

Dessa forma, a rede de significações atribuiu ao corpo negro a significância daquilo que é indesejável, inaceitável, por contraste com o corpo branco, parâmetro da autorrepresentação dos indivíduos. Como diz Rodrigues, a cultura necessita do negativo, do que é recusado, para poder instaurar, positivamente, o desejável. Tal processo inscreve os negros num paradigma de inferioridade em relação aos brancos (Nogueira, 1998).

Dito isso, pensaremos primeiro como se constroem as representações individuais para depois compreendermos como as relações interraciais são conduzidas e moldadas por crenças racistas, estereotipadas e limitantes. Quando falamos sobre signos positivos que são associados a pessoas brancas, focamos em aspectos como hipervalorização do fenótipo ou da intelectualidade, mas esquecemos que estas são apenas produtos de uma socialização centrada na brancura. Voltemos à infância: a socialização de pessoas brancas é acessada através da via da humanidade. Desde muito novos, crianças brancas experimentam o lugar da disponibilidade afetiva, da construção de referências, e da criação de vínculos de forma bem perceptível, como um quase "mérito afetivo por ser branco".

Em contrapartida, a maioria esmagadora das pessoas negras tem um arsenal de experiências violentas vividas na infância que negligenciam estes corpos através da via do descomprometimento e da desumanização. Ainda nesta mesma fase, construímos vínculos com pessoas brancas e descobrimos os grandes efeitos colaterais das relações interraciais.

A premissa para existirmos nessas relações é justamente a compreensão de que dificilmente ocuparemos outro lugar que não o do estereótipo. Nos estudos da psicologia social, podemos observar como somos direcionados por meio do conhecimento prévio que temos à respeito dos elementos (Fernandes & Pereira, 2018). O sujeito branco, por exemplo, portando sua brancura, é impedido por seu aparato cognitivo, seus afetos, suas crenças e seus comportamentos de atribuir o signo de humanidade às pessoas que não façam parte da mesma categoria racial que a sua. Isso porque, existindo na estrutura racista e se beneficiando dela, os estereótipos que são atribuídos a pessoas brancas são extremamente positivos e, em contrapartida, desumanizam e criam simplificações reducionistas sobre aspectos que tangem outros grupos raciais.

Quando pensamos na representação social de pessoas negras, precisamos observar como essas performances assumem um caráter violento e ofensivo dentro das relações. No artigo "O insulto racial: as ofensas verbais registradas em queixas de discriminação", Guimarães nos faz refletir sobre os insultos racistas enquanto manifestações danosas que reproduzem crenças já existentes no imaginário social.

> O estigma da sujeira é reforçado por termos como fedida, merda, podre, fedorenta, porqueira, nojento e suja. A pobreza e a condição social inferior são referidas por palavras como favelada, maloqueira, desclassificado e analfabeto. Outra estratégia linguística frequente é o uso de diminutivos como negrinho ou negrinha para referir-se aos insultados, além da referência direta à classe (Não falo com gente de sua classe).

Se considerarmos que essas crenças constroem comportamentos e que se retroalimentam sendo produzidas e produzindo subjetividades, leis, políticas e territórios, precisamos observar como tais convicções atravessam as nossas relações e produzem ciclos tóxicos e saberes limitantes que nos adoecem e confinam ao lugar da desumanidade. Para perceber essas manifestações, precisamos observar como só podemos existir na relação com pessoas brancas por meio de estereótipos racistas. A negra invejosa, a cuidadora, o negro violento ou o engraçado, parecem se apresentar como traços da nossa personalidade individual, mas na verdade constituem crenças autorrealizadoras, isto é, lugares pré-determinados para "caber" naquilo que as pessoas brancas supõem conhecer sobre nós.

Quando falamos da relação "melhor amiga da protagonista branca", precisamos complexificar o evento. Existem alguns estereótipos que estão na raiz dessa relação, como por exemplo a negra invejosa e a branca que carece de atenção e defesa. O estereótipo da negra invejosa precisa ser destacado porque toca em elementos traumáticos das nossas trajetórias que pouco são explorados, mas que exigem reflexão. A falta do básico para algumas de nós, a impossibilidade de ser sujeito e o enfraquecimento da identidade, sempre nos fizeram sentir culpa pelo desejo de desejar aquilo que pertence ao sujeito branco, e por vezes acreditar que desejávamos quando, na verdade, eram só manifestações básicas do "ter".

E aqui cabe dizer como nós estamos comumente utilizando as ferramentas colonizadoras para atribuir culpa e punição às nossas formas de sentir, ignorando nossa história e silenciando qualquer manifestação do nosso desejo que julguemos imprópria ou desrespeitosa. Outro ponto interessante, para pensar o lugar da inveja, é perceber como a malícia está diretamente relacionada à figura de mulheres negras na relação com mulheres brancas, construindo uma atmosfera investigativa sobre comentários e comportamentos que são inspecionados e geram autodesconfiança.

Na maioria das vezes, essa hipótese criada pelas pessoas brancas sobre os nossos corpos diz muito mais sobre a forma como elas sempre olharam para nós do que, necessariamente, sobre evidências colhidas. É fetiche da brancura ser invejada, e, quando se trata das mulheres brancas, esse lugar é ainda mais fortemente reivindicado. A falsa ideia de que nos unimos pelo gênero cria uma fictícia empatia e identificação, à medida que pode nos confinar a modelos servis nos quais oferecemos aquilo que somos na relação com mulheres brancas — como forma de serviço — e temos acesso àquilo que seria o humano.

Uma das principais marcas na relação entre mulheres brancas e negras, que engloba vários desses elementos anteriores, se dá pela constante comparação que se torna inevitável quando estamos na maquinaria racista e precisamos lidar com o brilhantismo das mulheres brancas. A primeira vez que me surpreendi com a brancura de uma mulher foi no jardim da infância. Existia um movimentar que construía o balanço dos cabelos, um capricho na caligrafia, uma beleza incomparável, que juntos operavam construindo a perfeição e a pureza, os signos que são mais distanciados da imagem de meninas negras e aproximados de meninas brancas durante a infância. Claro que todas estas eram atribuições fortalecidas pela mídia e pelos afetos direcionados a estas figuras construindo, inevitavelmente, o lugar da comparação.

Quando pensamos em infância atravessada pelas representações raciais e o lugar da comparação, lembramos sempre dos dados produzidos pela *"The Georgetown Law Center on Poverty and Inequality"*, onde concluíram que meninas negras são vistas como menos inocentes do que meninas brancas da mesma idade. Ora, se isso é socialmente expressado pelas pessoas e integrado pela sociedade de modo geral, como nós, meninas negras, sentimos e assimilamos estas crenças durante a infância? Seria a inveja justamente uma simplificação reducionista criada pelo Eu-hegemônico (Carneiro, 2005) para explicar, por meio de ferramentas brancas, quem verdadeiramente somos e como nos sentimos na relação com mulheres brancas?

A comparação exige proximidade, isso significa dizer que é completamente justificável a forma como esses modelos de relação exigem que orbitemos a protagonista, exercendo uma função primária: observá-las, também a partir de estereótipos, para poder nos inspecionar e comparar fazendo uso de critérios e exigências implacáveis que desafiam a nossa raça ao desaparecimento. É como se tudo aquilo de nós que fosse comparado assumisse um caráter negativo e o desejo pelo desaparecimento de características físicas ou expressões da nossa personalidade, bem como o apagamento da nossa pertença racial, se tornassem cada vez mais latentes.

É por meio da comparação que se percebe como as noções de território guiam e situam os indivíduos no tecido social. Numa escala micro, usamos essas relações de amizade como exemplo, mas poderíamos falar sobre como o corpo-território de pessoas brancas, especialmente mulheres brancas, representa a liberdade para exigir e demandar acolhimento, enquanto o nosso é marcado pelo lugar da servidão e do cuidado do outro como única via para permanecer em determinados espaços. Ainda que isto seja sobre uma performance, como algumas pessoas negras costumam afirmar "pactos para ocupar", ainda é sobre lugares socialmente permitidos e reservados para pessoas negras.

A relação da amiga negra com a protagonista branca é uma demonstração pontual das manifestações que estão embutidas nos nossos afetos. Precisamos assumir o compromisso de refletir sobre como os relacionamentos são construídos pelo empenho de ambas partes, mas principalmente sobre como facilmente oferecemos afeto, atenção e apoio às mulheres brancas por acreditarmos que são inocentes e vulneráveis diante da maquinaria racista e em troca recebemos comentários e comportamentos que sempre dizem sobre a nossa "força e altivez para superar as adversidades". Assim como os homens brancos, as mulheres brancas também seguraram chicotes em suas mãos enquanto nos confinavam no lugar da negra invejosa, maliciosa e animalizada.

Auto-ódio: como as distorções do ser produzem adoecimento

"Eu vejo ódio,
Estou banhada nele, me afogo nele
Desde quase os primórdios da minha vida
Ele tem sido o ar que eu respiro
A comida que como, o conteúdo das minhas percepções;
O fato mais constante da minha existência é o ódio deles
Sou jovem demais para a minha história."

Judy Dothard Simmons

Precisamos analisar essa ideia de que o auto-ódio é uma manifestação facilmente detectável nas nossas vidas. Apesar de compreendermos que a origem dessa manifestação se deu principalmente pela submissão de pessoas negras durante séculos, ainda precisamos observar como o Brasil foi se construindo posteriormente enquanto um país antinegro (Nascimento, 2016). A experiência da negritude, por exemplo, é marcada pela violência da branquitude que, cotidianamente, por meio de esquemas narcísicos, mina qualquer possibilidade que poderíamos ter de existir enquanto sujeitos. Sobre isso, Sueli Carneiro afirma:

> Política esta que se inaugura com a abertura do país para a entrada de imigrantes europeus no fim do século 19 a fim de substituir a mão de obra escrava e que se desdobra até os dias de hoje onde a cada 23 minutos um jovem negro é assassinado; em que a expectativa de vida dos negros é de seis anos a menos que a dos brancos; em que 75% da população mais pobre é negra; em que a renda per capita de famílias negras é 200% menor que a renda de famílias brancas; em que, apesar de ser mais de 54% da população nacional, negros são minoria no Congresso, na Academia, na Televisão e em todos os espaços de poder da sociedade (Carneiro, 2011).

Para observar minuciosamente a forma como a população negra olha para si e para a sua comunidade, precisamos, antes, destes dados apresentados por Sueli Carneiro (2005) como evidências do funcionamento das engrenagens políticas, sociais, afetivas e históricas que são mobilizadas para nos confinar ao plano político de genocídio. Esses dados relacionam-se com o sucateamento da nossa identidade, com os signos de miserabilidade que são atribuídos aos nossos corpos e principalmente com o elemento comparação enquanto uma ferramenta que nos permite observar uma categoria racial sendo arruinada em detrimento de outra.

Trazemos estes dados para fomentar e ampliar as discussões sobre auto-ódio que muitas vezes são reduzidas e transformadas na crença de que nós, enquanto população negra, somos marcados como indivíduos que se odeiam por definição. Nasceram se odiando por serem quem são e permanecerão neste lugar, como se fosse uma manifestação comum dentro deste grupo. Passamos séculos das nossas vidas acreditando que o auto-ódio se estrutura num movimento unilateral, onde o nosso olhar atravessa o nosso corpo e produz crenças limitantes que só afetam a nós. Como no capítulo "Tudo sobre nós para que possamos nos culpar por tudo". Esta construção tem a mesma base de pensamentos daqueles que afirmam que o racismo nasce do próprio negro e que é justamente esta crença na nossa inferioridade que nos mantém no lugar de violentados.

Percebam que existe um movimento de centralização do auto-ódio como se só o indivíduo fosse atingido, e os conceitos de raça e comunidade fossem variáveis dispensáveis para análise. Quando isto acontece, não conseguimos nomear como auto-ódio comportamentos incumbidos nas nossas relações dentro da comunidade negra, muito menos temos a possibilidade de enxergar como os padrões de punição, por exemplo, estão relacionados com a nossa pertença racial. Existe uma produção de sofrimento, que acontece pela ausência do compartilhamento com a comunidade, que gera isolamento. Se só o indivíduo é atingido, ele não socializa com seu grupo.

Em "Tornar-se negro: as vicissitudes do negro brasileiro", Neusa Santos nos diz que a partir do momento em que o negro toma consciência do racismo, seu psiquismo é marcado com o selo da perseguição pelo corpo-próprio. Daí por diante, junto à todos os entes que também corroboram com essas crenças, passamos a controlar e vigiar os nossos corpos por meio de esforços inúteis:

> Primeiro tenta-se metamorfosear o corpo presente, atual, de modo penoso e caricato. São os "pregadores de roupa" destinados a afilar o

nariz ou os produtos químicos usados para alisar o "cabelo ruim". Em seguida, vêm as tentativas de aniquilar, no futuro, o rebelde à mutação, no presente. São as uniões sexuais com o branco e procriação do filho mulato. O filho mulato e o neto talvez branco representam uma louca vingança, suicida e homicida contra um corpo e uma "raça" que, obstinadamente, recusam o ideal branco assumido pelo sujeito negro.

Neusa segue dizendo que o pensamento do negro, parasitado pelo racismo, retira a dimensão do prazer no corpo e pulveriza crenças socialmente compartilhadas que oferecem um "aparato" social para que as opressões e determinações cumpram seu papel: nos impedir de habitar o corpo como fonte de prazer e vida. Isso também aparece na forma como nos relacionamos com a comunidade negra de modo geral. Quando falamos que o auto-ódio precisa ser complexificado, é porque comumente vemos pessoas negras acreditando que o contrário de auto-ódio é a hipervalorização e, sem nenhum tipo de propósito, fazem um movimento performático de fortalecimento da comunidade negra no seus espaços de trabalho, por exemplo, mas nunca tiveram pessoas negras em sua rede de apoio e acreditam que isso é sobre afinidade.

Existem milhares de formas de manifestar o auto-ódio, considerando que a história de cada um vai ter um papel fundamental na escolha das ferramentas para executá-lo. Um dos comportamentos mais comuns nas práticas de auto-ódio é a culpabilização que precede a autopunição. Na culpabilização, vivemos padrões fixos que se fundamentam na centralização ou transferência, desconsiderando as interações dialéticas e relacionais entre o "eu" e o "outro". Dispõe de crenças totalizantes que propõem análises e papéis sociais fixos por meio da exclusão das complexidades e do desprezo pela história do sujeito.

Seguimos com outras manifestações de auto-ódio:

a) Se penalizar fisicamente ou psiquicamente por sentir e/ou pensar em determinados eventos é uma expressão do auto ódio baseada no castigo como ferramenta de contenção. Frequentemente escolhemos o caminho mais difícil ou a estratégia mais falida visando perder para, num movimento de "homicídio e suicídio" como nos diz Neusa, construir um motivo para odiar a si por meio de automatismos. Aqui, podemos falar também sobre como o recurso de adoção a hábitos de risco é um grande componente do auto-ódio que, associado à impossibilidade de pensar planos para o futuro, desvia o medo e o horror da violência para a adrenalina;

b) Utilizar o riso como ferramenta para comunicar situações traumáticas. Esse recurso tem a intenção de descontrair ou performar uma situação dolorosa por meio do riso. Enquanto promete aproximar os envolvidos, a gozação cumpre o papel de traduzir o sofrimento como algo tão desprezível que chega a ser engraçado. Além disso, temos o lugar socialmente construído para o negro engraçado, que, apesar de não poder comer do jantar, acredita estar sentado à mesa, criando uma falsa ideia de inclusão e afeto. Quando comunicamos, informamos como nos sentimos com a situação, produzir a chacota diminui a necessidade de comprometimento com a seriedade do evento, afinal "até você acha engraçado". Historicamente, lidamos com a deslegitimação do nosso sofrimento. Na busca por esse reconhecimento, obtemos uma falsa atenção do outro quando entramos neste *looping* apelativo para sermos "vistos" através da zombaria;

c) Se incomodar com a forma como seu rosto, nariz, cabelo e corpo existem no mundo e, num movimento de inspeção, tecer críticas que extrapolam o âmbito do desagrado e desaguam em procedimentos estéticos que visam o apagamento direto ou indireto de marcas da nossa negritude. As críticas vindas do auto-ódio tem um crivo muito forte, desconsideram o tempo e a não-linearidade da vida. Quando acreditamos ter defeitos irreparáveis, passamos a vida idealizando um futuro onde não seremos nós;

d) Criar um distanciamento entre quem você é e a sua comunidade, como se apenas a redenção individual fosse necessária. Acredita-se que a valorização só precisa acontecer quando se olha para si, e, numa espécie de salvação individual e descomprometimento, não se consegue atribuir valor nem definir um propósito que conecte quem se é com a comunidade.

A ideia é pensar como o auto-ódio é multifatorialmente construído, e também como ele se manifesta de formas completamente diferentes. As ferramentas que usamos para manter o auto-ódio em nossas vidas vão desde os comportamentos automatizados até práticas que parecem ser sobre autocuidado/autoamor, mas escondem em sua égide a autopunição. Como vivemos a partir dessas ideologias de cárcere desde que nascemos, não é fácil desfazer o trabalho de uma vida, já que passamos décadas acreditando que não somos dignos de viver o amor, por exemplo.

Existem algumas estratégias que podem ser adotadas para que possamos identificar a presença do auto-ódio e agir de acordo com um propósito, ainda que isso signifique tocar em feridas que ainda não estão cicatrizadas. A psicoterapia é um recurso que nos conduz nesse processo. Não basta identificar a presença dos comportamentos, eles precisam ser observados, acolhidos e ressignificados. Quando tentamos sozinhos, sem a comunidade ou sem o acompanhamento de um profissional qualificado, nos frustramos e entramos em ciclos violentos de auto-ódio. Se permitir o cuidado, e compreender que a lente que usamos pode estar manchada pelas políticas de cárcere do colonialismo, pode nos fortalecer no compromisso de cuidar de nós como casa. Não adianta identificar o ódio se, ao invés de acolhê-lo, nós nos abominamos ainda mais por senti-lo tanto.

O negro único: processos de adoecimento e crença na importância da ocupação de espaços coloniais

"O que me incomoda, sincero
É ver que pra nós a chance nunca sai do zero
Que se eu me destacar é pura sorte, Jão
Se eu fugir da pobreza não escapo da depressão, não."

Tássia Reis

As ondas discursivas sobre representatividade fizeram emergir a crença na importância de ocupar espaços historicamente negados pelo legado colonial brasileiro. O "negro único", fruto do processo de ascensão social, aparece como confirmação de um histórico de exclusão e estratificação do espaço geográfico. A intenção de tensionar as estruturas de poder territoriais que marcam as desigualdades raciais no Brasil, no entanto, nos coloca diante de um desafio: estabelecer propósitos e reconstruir o senso de comunidade.

A estrutura racista, sob a qual se ancora a formação da sociedade brasileira, tem mantido a população negra distante da possibilidade de acessar o poder real. Como apontou Sueli Carneiro (1995), em seu artigo "Raça, gênero e ascensão social", não somos donos dos bancos, não temos controle de grandes empresas, não temos expressiva representação política, nem reconhecida importância intelectual ou acadêmica. Além disso, temos tido as nossas almas envenenadas por mentiras sobre a nossa história, cultura e estética. Embora esse panorama venha sendo modificado pelo enfrentamento do movimento negro e pela apropriação identitária dos sujeitos com o intuito de produzir pertença valorativa, ainda é possível constatar o conflito fundante do sofrimento de pessoas negras que estão ocupando espaços majoritariamente brancos: o deslocamento do poder comunitário para o âmbito da representação individual. Mas, se os ganhos individuais não refletem a realidade do grupo, de que maneira esta atuação territorial do "negro único" pode ser exercida de maneira saudável?

Todo corpo social encarna e mobiliza representações, crenças, afetos, valores e comportamentos. Neusa Santos Souza (1983) dirá que, por esse motivo, no mundo sócio-psíquico branco, a exceção confirma a regra, já que o êxito individual não promove flexões na estrutura da cognição social, muito menos da sua posição dentro da ordem vigente. Na globalização, marcada pela construção dos territórios a partir dos embates por recursos materiais e simbólicos, quanto mais nos desconectamos da nossa comunidade, mais nos enfraquecemos. Por isso, a ascensão social entendida como triunfo individual será rodeada de conflitos concentrados em um sujeito que, embora acredite estar tensionando a estrutura, segue encarnando profecias coloniais autorrealizadoras e experienciando cotidianamente a frustração.

Ao falar de estereótipos, em psicologia social, entendemos que estes engendram o campo cognitivo das relações sociais. São eles os responsáveis pela produção de conhecimento sobre os objetos e símbolos reconhecidos socialmente. Quando você vê uma notícia sobre carnaval, automaticamente aciona as informações aprendidas sobre o que significa esse período e isso sugere expectativas sobre o conteúdo da matéria, que constrói ou não o interesse em assisti-la. Do mesmo modo, as relações interpessoais são marcadas por essa ativação, que modula os nossos afetos e comportamentos sobre um determinado sujeito a partir da sua pertença racial, marcando as hierarquias de poder. Não à toa, nos espaços onde somos os únicos, cotidianamente somos "confundidos", uma vez que o corpo negro, assim como o corpo branco, materializa o conhecimento aprendido sobre a raça e remonta promessas de performances. São esses estereótipos que têm mantido as desigualdades de poder a partir do que Sueli Carneiro (2005) chamou de dispositivo de biopoder, nos construindo como depósito de tudo aquilo que a branquitude não deseja ser.

Quando falamos sobre o deslocamento da alteridade para os confins do não-ser (Carneiro, 2005), entendemos o porquê de acreditarmos que a nossa humanidade só pode ser alcançada por meio do dinheiro. É comum acreditarmos que somos notados, desejados e valorizados quando temos acesso à riqueza. Neusa dirá que tomamos a ascensão social como via para tornar-se gente. Esquecemos, e Morena Mariah nos lembrará, que o nosso valor está no que somos, não no que fazemos. Quando estamos orientados por mentiras que violentam a nossa identidade, seguimos acreditando que somos menos humanos, explicitando essa crença na forma de sintomas comportamentais compulsivos ou afetos sabotadores que visam, em sua origem, compensar o outro pelo que nos fizeram acreditar que nos falta.

Aplicando isso à ocupação de territórios, principalmente nos inter-raciais, onde a brancura aparece como símbolo de poder e também detém as decisões e os trâmites econômicos, vemos a execução de uma lógica mercadológica baseada no serviço. Ser o melhor informa diariamente a compensação pelo que se é, visando contradizer as informações prévias sobre a marca da sua identidade racial e provar o seu valor apesar da sua cor. Percebe que não dá para fugir de sintomas de ansiedade e compulsão existindo em espaços como este? Por isso também falamos sobre a importância de historicizar e fazer conexões entre os processos de adoecimento e formações sintomáticas de modo a compreender os atravessamentos territoriais e relacionais que estão na sua origem. Muito falamos sobre as expectativas e submissões da identidade impelidas pela estrutura social ou por sujeitos brancos a pessoas negras, mas esquecemos de avaliar como estas também produzem crenças, afetos e comportamento intrapessoais, ou seja, na nossa relação com a gente mesmo diante desses entrecruzamentos.

Além disso, quando falamos de território, lembramos Milton Santos que o definiu como sendo o fato e o sentimento de pertencer àquilo que nos pertence (Santos, 2013, p. 96). No mundo estruturado para o exercício do poder colonial, nutrido pelas instituições, representações e comunidades, pessoas brancas são socializadas, desde a mais tenra infância, para acreditar que tudo o que toca o chão lhe pertence. Assim sendo, a arquitetura dos papeis sociais impõe ao sujeito negro habitante desses espaços únicos a dificuldade de se estabelecer a partir do pertencimento e da integração. Os olhares e discursos brancos mantêm operante uma atmosfera de inadequação, que nos comunica invasão, ou seja, somos estrangeiros neste território, portanto sujeitos às leis e valores dos que lhe detém. Esse fato está na origem do que Neusa chamou de *"embaraço cognitivo"*, isto é, a confusão entre as expectativas sobre o que a negritude é e a forma como ela se apresenta, que mobiliza pessoas brancas a informar ao negro *"o seu lugar"* dentro da estrutura de poder. Por isso você é conduzido ao elevador de serviço quando adentra um condomínio de luxo.

O constrangimento existente nestas operações cotidianas de microagressões, vivido na constante investigação do corpo negro por olhares brancos, potencializa processos de isolamento e mal-estar social. Assim, a partir da exclusão e inconformidade, produz a permanente sensação de desamparo e desesperança, fruto de um lugar de isolamento que não se rompe, pelo contrário, renova-se diariamente na forma de um sofrimento não reconhecido e desacolhido tanto nas relações interpessoais quanto no ambiente social. Ausente de uma noção de identidade saudável e da presença da sua comunidade, o sujeito negro em ascensão social ocupando espaços majoritariamente brancos experimenta profundas angústias oriundas da obrigação de lutar cotidianamente contra as profecias autorrealizadoras coloniais ao passo que tenta construir autonomia.

Alguma vez você já se perguntou o porquê de achar tão importante ocupar esses espaços? É sempre sobre precisar contrariar o que esperavam de você? Mas por que é tão importante negar algo para os que sempre contaram mentiras sobre o seu povo? Talvez o primeiro passo para alterar o ciclo do sofrimento seja redirecionar o olhar para a sua comunidade, enxergando-a como potência.

Quando nos comprometemos a construir uma nova noção de pertencimento à comunidade negra, a partir de um autoconceito valorativo e uma organização coletiva, bem como de um resgate da sua verdadeira história, podemos romper com o efeito da culpabilização.

Esta, estabelece o conflito do não-lugar para a pessoa negra que ocupa lugares majoritariamente brancos, fundado na ideia de ser representante da raça ao mesmo tempo que não vive as mesmas condições que ela. É desse lugar conflitivo que nasce a culpa pela obrigação de repará-la, que desloca para o indivíduo a responsabilidade de sanar carências históricas.

Apesar de reconhecermos a importância inquestionável de "ocupar" para tensionar a estrutura e promover mudanças nas representações sobre a negritude, também precisamos nos atentar para as complexidades desse lugar. As violências cotidianamente se renovam e nem sempre as condições para nomeá-las estão dadas. Estar amparado na sua comunidade e construir uma identidade saudável a partir do resgate histórico e da recriação em suas potencialidades é essencial para podermos pensar, coletiva e individualmente, estratégias de proteção e enfrentamento. Aliar-se a propósitos que, de fato, digam sobre uma noção de continuidade, reestruturação e futuro. Assim, podemos pensar novas formas possíveis de nos mantermos vivos e dignos, apesar das forças hegemônicas.

A urgência da cura: pode um trauma desaparecer?

"O tempo somente é porque algo acontece, e onde algo acontece o tempo está."

MILTON SANTOS

Vivemos nos esbarrando em crenças românticas que diariamente dificultam nosso processo de autoconhecimento e cura. Lembra daquela série na qual o protagonista encontra o amor e automaticamente as dores deixam de existir? Nós estamos sempre discutindo sobre o amor romântico, mas pouco sobre os outros elementos que ele paralelamente constrói.

As crenças sobre a cura também foram atravessadas pelo amor romântico. Numa lógica extremamente utópica, ansiamos o momento onde todo sofrimento é esquecido ou apagado das nossas memórias. Como num conto, a vida depois da cura é vista como uma nova jornada, longe de todas as dores do passado, idealizamos que neste momento tudo é completo e harmonioso. Esta é uma ideia que produz sofrimento na medida em que nos afasta de possibilidades concretas.

Não existe um mundo pós-cura onde o nosso passado deixe de existir, e quando percebemos isso somos atravessados pela frustração do engano.

Tem um elemento muito importante aqui que é a forma como nos relacionamos com o passado. Compreendemos que, para muitas pessoas negras, a fase da infância e adolescência foi a fase da desproteção. Essas pessoas viveram múltiplas experiências que as fazem olhar para o passado como algo que não precisa ser retomado ou pensado porque é constituído unicamente pelo sofrimento. Existir de forma consciente significa ter uma lente a partir da qual se lê e age no mundo. Essa lente é produzida a partir das suas ideologias que são construídas principalmente pela sua história.

Por isso, passado e presente não estão nem podem ser pensados de forma dissociada! É a partir do seu passado que você torna inteligível o seu presente. Significa que devemos amar e sermos gratos pelo que vivemos? Não. É quando entendemos que o passado não passa, não fica para trás e não é simplesmente apagado, que nos encontramos com o desejo vendido pelo ideal romântico de fazê-lo sumir. Foi assim que nos ensinaram.

O movimento de cobrança que oferecemos a nós mesmos no processo de autoconhecimento pode ser adoecedor. Transformamos o nosso trajeto em uma corrida contra o tempo onde o principal objetivo é fazer desaparecer tudo aquilo que odiamos em nós. Assim, além de desprezarmos o nosso sentir, estamos perdendo o mais valioso no caminho, pela urgência de chegar a um lugar que nós sabemos não ser possível.

A dor e o desejo de livrar-se dela andam lado a lado no processo de muitas pessoas negras. É luta diária para nós exercer o autoamor, a segurança, a autonomia, e, às vezes, tudo que desejamos é apagar as dores e fingir que elas nunca existiram. Óbvio que esse é um movimento extremamente compreensível, quem sente dor possivelmente deseja que ela desapareça. Porém, sabemos também que esse desejo, vivido de forma muito intensa e frequente, muito mais atrapalha, porque vira uma necessidade de sobrevivência, do que diminui o sofrimento.

Estamos sempre muito rígidos no processo, não podemos errar nem titubear nas nossas decisões, caso contrário, somos flagelados por nós mesmos numa enxurrada de auto-ódio e incompreensão. O movimento de hiper vigilância também é muito presente para pessoas que estão em busca da "cura salvadora". Ele serve para inspecionar os nossos comportamentos de uma forma extremamente violenta e compulsória, como se as nossas experiências de violência do passado estivessem perto de acontecer novamente e pudéssemos evitar isso se ficarmos atentos.

A ideia de cura pode ser muito problemática quando ignora a multifatorialidade dos eventos. Parece que se um único evento desaparecer, certamente será suficiente para curar o sofrimento. Esquecemos que a forma como o silenciamento atravessa as nossas vidas não se relaciona apenas com as violências que vivemos na escola, por exemplo, mas com uma série de eventos, sensações e comportamentos que foram fortalecendo as tiranias do silêncio.

Acreditamos que a possibilidade que nós temos de ressignificar um trauma depende diretamente do respeito ao nosso próprio tempo e história. Soluções irreais ampliam problemas, nos impedem de visualizar caminhos e causam adoecimento. Passamos horas dos nossos dias fantasiando sobre como as nossas vidas seriam se algo não tivesse acontecido. Criamos cenários, personagens, e até uma nova versão de nós, só que desta vez "curada". Não é que seja perda de tempo fantasiar, o ponto é que algumas pessoas se prendem tanto ao que poderia ter sido, que esquecem o que é e o que ainda pode ser.

 É possível ressignificarmos muitas dessas dores a partir do deslocamento, poder nos enxergar de um outro lugar e produzir novos sentimentos que não sejam sobre apagamento e esquecimento, mas sobre a potência que há na recuperação daquilo que acreditamos ser valioso. A crença na cura como um elemento que trará pureza e salvação carrega em sua égide as mesmas políticas de aprisionamento cristãs que por séculos ceifaram a nossa pluralidade.

Você só pode lutar
contra algo que conhece:
o cuidado e a apropriação
de si

"O confronto consigo mesmo é a ponte para a ressignificação."

JOANA BOCCANERA

Imaginemos que a sua casa foi infectada por uma praga desconhecida, que tem destruído todas as suas plantas. Imediatamente você dedicará um tempo a observar características que te permitam identificá-la, como a forma de ação, o tempo de reprodução e suas marcas físicas, para posteriormente combatê-la. Isto te garantirá instrumentalidade para desenvolver e executar, com mais assertividade, ações preventivas e corretivas. Mas por que quando o assunto são questões referentes à sua história você escolhe não fazer este trabalho? Por que acredita que pode combater e/ou controlar sintomas e processos como se estes fossem os melhores caminhos para lidar com a vida?

Neusa Santos Souza (2008), em seu célebre capítulo intitulado "A angústia na experiência analítica", dirá que ela, a angústia, nasce da relação do sujeito frente ao objeto de desejo do outro, produzindo uma resposta na forma de sensação. Neste momento, lembro que comumente, em meu processo analítico, fui questionada sobre a minha fantasia. E o que isso representa? Compreender qual ideal me orienta, como eu imagino e dou formas aos meus desejos. É a partir desses ideais, muito relacionados com a nossa capacidade de imaginar e criar, que traduzimos as nossas experiências e sentimentos. Sobre isso, Neusa dirá que a fantasia está no âmbito da significação, enquanto a angústia no campo da sensação. Esta, que produz intenso sofrimento a partir de um vazio impossível de suportar, suscitará inúmeras significações. Ou seja, um movimento de nomear e dar lugar ao conteúdo do sofrer, tornando-o possível de ser compreendido. Nesta ação, feita no espaço do *setting* terapêutico, elaboramos a dor e podemos pensar novos caminhos possíveis, deslocando-a da centralidade do existir.

Esta travessia entre a angústia e a elaboração é o que nos permite seguir no curso da vida, que permanecerá repleto de conflitos, fantasias e desafios. Não é, portanto, um processo que se encerra ou se esgota. Nos relacionamos com o mundo e, nesta interação, somos cotidianamente confrontados com expectativas, riscos e vazios que nos imputam repensar as rotas do caminho.

Certa vez, no tempo de uma corrida por aplicativo, conversávamos com o motorista sobre os mais diversos assuntos. Diante de uma entrega sem êxito e as nossas verbalizações de insatisfação, ele nos alertou sobre sermos duas moças muito explosivas, evidenciando a necessidade de sermos mais gratas e menos reclamonas diante da vida. Como resposta, falamos sobre a importância de reconhecer, como parte do viver, as várias emoções. É natural do humano sentir raiva, insatisfação, tristeza, mágoa e medo. Ele, um homem negro com cerca de 30 anos, retrucou narrando a história de quando comprou uma caixa de chocolates para a sua namorada e, chegando na casa dela, a encontrou com outro rapaz. Esta experiência, narrada por ele como um momento de intensa decepção e tristeza, foi manejada de uma maneira que muitos de nós conhecemos. "Eu não ia chorar, não ia me mostrar abatido ou arrasado com a situação. Voltei para casa agradecido por poder comer o meu chocolate sozinho", disse ele, antes de falar, mas sem perceber, sobre como este evento o marcou profundamente e construiu crenças sobre a solidão.

Este tem sido um movimento comum, capaz de supostamente converter um evento traumático em situação sem relevância. É a mágica de mascarar as emoções para não ter que lidar com elas, muito conhecida e apreendida por nós equivocadamente como "ressignificação". Perguntamos, então, se ele acreditava mesmo que esta era a melhor maneira de lidar com a situação e aproveitamos para dizer "você sabe que essa tristeza não sumiu, né?! Ela foi para algum lugar e certamente se manifesta na sua vida, de outras formas, até hoje". E assim o é, porque apesar dos nossos esforços em conter, ignorar ou simular resoluções, a angústia reaparece, e o que nos cabe fazer é acolhê-la como possibilidade de chegar à sua origem e rearranjá-la.

Temos vivido com vários manicômios em nossas cabeças. Prontos para encarcerar, conter e silenciar tudo o que perturba a ordem de um sujeito que não pode sentir, e consequentemente existir. Neste ponto, lembramos um episódio da famosa série de animação Bob Esponja, no qual o personagem principal, na ânsia de silenciar um processo de adoecimento, decidiu que colocaria rolhas em cada um dos orifícios do seu corpo esponjoso, assim evitaria que as bolhas saíssem de si. Quando não havia mais rolhas que pudessem ser colocadas, ele simplesmente implodiu. E apenas após a implosão ele tomou a decisão de procurar ajuda.

Aqui, tomaremos o fato de implodir como a manifestação da impossibilidade de negar a dor, mas também a resistência do corpo-território que clama pela apropriação de si. Por isso, é importante distinguir o que é uma verdadeira oferta de cuidado em oposição ao que são meras estratégias de silenciamento. Estas, produzem manutenção e intensificação do sofrimento, enquanto aquela garante instrumentalidade para a produção de novos caminhos.

Precisamos entender que calar não é curar. Quando temos em mente que quanto mais resistimos a olhar para a nossa própria história, mais os processos persistem e mantêm ciclos de sofrimento, podemos interromper automatismos e produzir novas respostas ao que acreditamos estar sólido em nossas vidas. Ou seja, até que tenhamos coragem de olhar para os sintomas das nossas dores com altivez para trazer à consciência as conexões necessárias à compreensão sobre sua formação e existência, eles permanecerão. Você pode, por exemplo, remediar, conter, ignorar ou transferir os sintomas da ansiedade, mas você não poderá fazer com que ela deixe de existir como um processo de adoecimento até que tome a decisão de mapear, registrar e transformar as manifestações dela na sua vida. Isso porque não é possível lutar contra algo que você não conhece, exatamente como a praga que coloniza a casa mencionada no início deste texto.

Assim, calar um sintoma é necessariamente dar espaço para que outros surjam. Nesse caso, o que temos a fazer, como nos ensinou Neusa Santos Souza (1983), é continuar. Seguir até que a decisão de interromper o ciclo de sofrimento com coragem para olhar a própria história e acolher as suas percepções, emoções e vivências com generosidade. Compreender que o ato de falar é um ato de saber e, então, fazer as mudanças necessárias para exercer a autonomia e o cuidado de si.

Nem todo mundo que planta colhe: meritocracia, racismo e capitalismo

"O processo é o resultado. A vida é acordar todos os dias e viver o cotidiano para realizar os próprios sonhos. Se o caminho está ruim, reveja a rota."

MORENA MARIAH

Pensemos o trabalho do plantio: é preciso cuidar da terra, plantar as sementes no período correto e seguir cuidando até que a colheita possa ser feita. Ainda assim, é preciso mais que uma pessoa para uma colheita farta, revezando nos cuidados e evitando pragas na plantação. Ou seja, o trabalho da plantação é, sobretudo, um trabalho de coletividade. Ainda assim, mesmo com todo o cuidado, pode surgir uma infestação ou um evento climático capaz de destruir toda a plantação e impedir a colheita, a exemplo da falta de chuva.

Acreditar que "basta plantar para colher" é uma crença violenta e desonesta, que tem colocado muitas pessoas negras em estado de angústia, ansiedade e sofrimento. Nos fazer acreditar que o sucesso depende apenas das nossas ações individuais, ignorando os contextos de necropolítica, informações simbólicas, falta de acesso a direitos e abandono institucional, é promover mais sofrimento. Afinal, quem dera se o nosso sucesso dependesse apenas do nosso empenho individual, não é mesmo? Certamente todos estaríamos vivendo o que acreditamos hoje ser o sucesso. Mas é fato que, para isso, precisaríamos ignorar o histórico de exploração e desigualdade neste país, bem como as dificuldades impostas a grupos raciais por um sistema que se nutre da pobreza de uns como forma de garantir a riqueza de outros.

O rapper Bk' afirma em sua composição "Pessoas" que melhor que um líder sábio é só um povo sábio, evidenciando a importância de superarmos as mentiras coloniais individualistas e nos conectarmos à nossa comunidade. A crença no mérito como único caminho para alcançar a mudança desejada para a própria realidade é uma farsa adoecedora. No entanto, sabemos que o espírito precisa se nutrir de vontade para se manter ativo. Sabemos também da importância dos sonhos para levantar no dia seguinte. Sem a possibilidade de ser escutado, acolhido, integrado e incentivado pelos seus iguais, o espírito se enfraquece.

A realidade é que muitos de nós ainda estamos contando com a sorte, seja pra estar vivo no final do dia ou pra viralizar na internet. Especialmente os que estão construindo tudo do zero, sem herança, apoio familiar, indicações de parentes, recursos materiais ou, ao menos, a crença de que o talento pode vencer as barreiras impostas pelas desigualdades. Muitos de nós passarão a vida se dedicando aos seus sonhos e terão todas as chances minadas pela violência racial, falta de assistência em todas as instâncias e ação das necropolíticas.

Afirmar isso nada tem a ver com pessimismo ou falta de esperança. Pelo contrário, é por meio do reconhecimento das adversidades e barreiras que podemos estruturar melhores formas de combatê-las com base na justiça e generosidade. Engana-se quem acredita que negar a realidade seja a melhor forma de transformá-la, pelo contrário, quando encaramos os problemas com sinceridade e consciência, podemos traçar estratégias possíveis.

Expectativas alienadas têm nos afundado por séculos, então é preciso que pensemos novas organizações, conduções e pedagogias, nos âmbitos individual e coletivo, que nos permitam movimentações mais seguras e precisas, bem como reconhecimento e conexão com a nossa verdadeira história. Assim, podemos reconstruir a nossa identidade pessoal e coletiva a partir de possibilidades e potencialidades de um caminho que já vem sendo construído com expressão da potência revolucionária do nosso povo.

É possível sonhar com os pés fincados na terra. Então, que comecemos pensando o fortalecimento da identidade e do senso de comunidade, porque uma colheita farta não é produzida, muito menos desfrutada, por apenas um indivíduo. Mas que também tenhamos condições de cuidar da cabeça que abriga a mente pensante do sucesso, para que quando ele chegue, se ele chegar, não pareça que é o fim. Assim, nos conectamos a uma ideia de sujeito pertencente a uma coletividade, afirmando os nossos propósitos. A colheita é parte de um ciclo maior, que não começa nem se encerra em nós. Como afirmou Morena Mariah (2022), "para alterar a nossa realidade, precisamos mudar as ficções que nos orientam".

E se os meus mais velhos morrerem sem conhecer o conforto do dinheiro?

*"De onde eu vim, quase todos dependem de mim
Todos temendo meu não, todos esperam meu sim."*

Djonga

Sempre que você vive novas experiências de luxo e conforto, imediatamente pensa no quanto é injusto estar fazendo isso enquanto muitos da sua família vivem com o básico? Para você, a vitória só será verdadeira e justa quando todos puderem viver o mesmo? A ascensão econômica tem trazido consigo a constante sensação de frustração diante da necessidade de fazer sempre mais, posto que não respondemos apenas por nós.

Estamos diante de uma corrida exaustiva, ansiosa e angustiante: lutar contra o tempo e centralizar em nós, indivíduos, a responsabilidade de reparação das carências geracionais da nossa família. A linha de chegada dessa corrida é a culpa, o ódio e a punição. A sensação de injustiça confunde os sentidos e desloca para o indivíduo a obrigação de sanar as falhas históricas de um país fundado na exploração e desigualdade de oportunidades. Produto de uma identidade na qual o princípio do prazer perdeu a hegemonia, como apontou Neusa Santos Souza, fazendo com que o sofrimento ocupe o centro do pensamento. Nesse processo, ser o primeiro a colher os bons frutos do trabalho de pavimentação ancestral deixa de ser uma conquista individual-comunitária satisfatória para ser um fardo produtor de angústia e sofrimento.

Também precisamos, nesse processo, reconhecer que a história recente de muitas famílias negras brasileiras, marcadas pela farsa da democracia racial meritocrática, se centrou na criação dos filhos como projetos promissores de alcance da humanidade por meio da ascensão social. No mundo onde dignidade se alcança por meio da compra de acesso a direitos básicos, o dinheiro vira sinônimo de prosperidade. Assim, muitos de nós cresceram rodeados de exigências implacáveis e expectativas alienadas, sendo estas as formas encontradas de realizar o plano familiar de tornar-se gente. Completamente desconectados do senso de comunidade e subjetivamente massacrados, temos visto a nossa existência como uma dívida acumulada com urgência de quitação.

Carla Akotirene (2022) dirá que o maior problema ideológico do país é a sua matriz de poder colonial cristão. Quando afirma a pregação da bíblia nas nossas psiques como responsável pela nossa derrota espiritual, aponta para a manutenção de hierarquias de poder nas relações com base em lógicas salvacionistas e dicotômicas. Lembramos, então, a nomeação por meio da arte feita por Djonga, quando canta "De onde eu vim, quase todos dependem de mim. Todos temendo o meu não, todos esperam o meu sim". Podemos, então, compreender que muito desta angústia no processo de ascensão social surge de crenças oriundas dos contos coloniais cristãos fundamentados na salvação pelo mestre e sujeição dos demais, provocando desconexão histórica do potencial de organização coletiva e autodeterminação negra, bem como produção de culpa pelo triunfo do egocentrismo.

Além desta culpa, a sensação de constante frustração diante das experiências de conforto e riqueza nasce da expectativa racista de responder por toda a raça. Nesse ponto, a importância de compreender territórios como locais marcados pela disputa de poder é essencial. Isso porque as profecias autorrealizadoras do mundo colonial produziram ocupações distintas do espaço geográfico, evidenciando o que Elisa Lucinda (2017) chamará de *apartheid brasileiro*. Por isso, os lugares acessados por meio da ascensão social serão marcados pela inconformidade e pelos olhares que apontam de forma silenciosa "você não deveria estar aqui", "este lugar não é para você", "onde estão os seus iguais? Lá é o seu lugar". Esse fato é comumente verificado em discursos como "eu gosto de viver o luxo, mas é aqui, na comunidade, que eu realmente me sinto bem". Assim, se mantém operante uma noção deturpada de pertencimento que finca a identidade negra nas associações com a pobreza e escassez. Percebam que, neste movimento, divide-se o que é nosso e o que é deles, construindo a ideia de invasor, que fortalece um conflito cognitivo entre o que se *tem* e o que se *merece*.

Por isso, Neusa Santos Souza (1983) falará sobre a importância do sujeito negro se comprometer em resgatar a sua história como forma de promover o bem-viver. Quando conseguimos nos conectar a uma noção de continuidade, acolhemos as mudanças como fruto do projeto de dignidade e florescimento da comunidade negra que se articula e subverte a lógica colonial. A partir desse reconhecimento, podemos nos despir das expectativas brancas sobre o que a negritude deveria ser, construindo então uma identidade saudável. É também por meio desse resgate histórico que podemos repensar a noção de prosperidade ocidental, fundada na urgência em consumir e acumular. Por fim, este processo de apropriação nos permite redirecionar desejos e explorar novas possibilidades a partir do reconhecimento de valor e potência da nossa comunidade.

Alguns questionamentos podem nortear a produção deste saber sobre si: seus mais velhos têm te pressionado por esse retorno financeiro ou essa corrida tem sido fundada e mantida por você? Esse desejo de reparação diz apenas sobre materialidade ou carrega um desejo de repará-los pela sua existência? Essa família foi um espaço saudável de amor, acolhimento e proteção na sua história? Esse desejo de reparação é genuíno ou nasce das obrigações compartilhadas socialmente para com a instituição família? Aonde você aparece nos seus planos de futuro? É tão importante para você ocupar espaços nos quais o seu investimento manterá as estruturas de poder operantes e você não receberá o tratamento adequado? Por que é você que precisa se responsabilizar por essa reparação familiar?

É preciso que investiguemos as nossas motivações a fim de entender o que de fato desejamos. Quando simbolizamos e nomeamos as nossas angústias, pessoalmente ou coletivamente, podemos encontrar um equilíbrio entre as possibilidades e motivações. Assim, evitamos a produção desta corrida que corre contra nós e nos impõe um ciclo de adoecimento.

Quando nos desconectamos do sentido de comunidade, continuidade e prosperidade, centralizamos em nós todas as possibilidades, não apenas por acreditarmos no nosso potencial, mas principalmente como recurso para nos punirmos e praticarmos o ódio contra a nossa existência.

Toda escuta é política: por uma clínica multirracializada em psicologia

> *"A clínica exercida no Brasil no campo da saúde e, particularmente, na saúde mental, é racializada e desenvolvida com base em critérios, diagnósticos e tratamentos que tem a população branca como padrão de normalidade."*
>
> Jeane Tavares

A suposta neutralidade da escuta em psicologia, há décadas, reproduz violência e silenciamento. A escuta neutra é extremamente identitária, comprometida com a universalização da subjetividade e das experiências de indivíduos brancos, determinando que é humano aquilo que pertence a uma categoria racial. Assim, produzindo assujeitamento, angústias e silenciamento de urgências lidas como específicas e sociais, portanto fora do domínio da escuta psicoterapêutica.

A escuta neutra também apaga produções de mulheres negras, resultando em epistemicídio e desqualificação para o atendimento clínico que considera o ser humano como biopsicossocial. Assim, se propõe a descolar a subjetividade das pertenças que a estruturam, remontando a lógica dicotômica que separa *corpo X mente* e *pessoal X social* como se estes não estivessem estreitamente relacionados. Os ouvidos neutros do eu-hegemônico (Carneiro, 2005) não ouvem quando Neusa Santos Souza (1983) ensina que o conteúdo da angústia é social, mas a sua estrutura é singular, histórica e pessoal.

Ademais, a suposta neutralidade em psicologia não cria condições para que cada um afirme a sua fala, porque a sua escuta está carregada de expectativas alienantes e ancorada na desigualdade do discurso e da linguagem. A escuta neutra finge não ver que todo profissional é atravessado e constituído a partir de um lugar social, que estrutura a sua existência e consequentemente o seu fazer clínico. Assim, não flexiona estruturas, não tem comprometimento social e não é qualificada para manejar os sofrimentos. Também não é emancipatória, posto que extremamente centrada em técnicas para desviar do fato de a materialidade do corpo branco encarnar a representação da ciência psicológica historicamente comprometida com a exclusão e violência contra corpos indesejáveis para a lógica colonial-manicomial. Do mesmo modo, está profundamente focada na importância do falar, mas ignora as suas contribuições nos processos de silenciamento, bem como as construções históricas que distorcem e inviabilizam o ouvir. A escuta neutra afasta o cuidado de quem mais precisa, porque o seu projeto político é desesperança, desamparo e extermínio.

Quando compreendemos os trâmites da construção dessa farsa discursiva e prática, assimilamos a importância de rompermos com o lugar do específico. Primeiro porque sabemos que ele nos desumaniza, na medida em que coloca o branco como referência. Segundo porque todos os indivíduos fazem parte de uma categoria racial e esta pertença modula sua cognição, bem como seus afetos e comportamentos. Nos afirmar recorte significa, então, reconhecer o todo dominante.

Clínica multirracializada não é sinônimo de psicologia preta. Posto que esta constitui-se como um ramo da psicologia que elabora ferramentas para a promoção de saúde mental da população negra, enquanto aquela versa sobre a importância de um comprometimento ético-político no fazer profissional para compreensão de raça, classe e gênero como elementos estruturantes da subjetividade. Em acordo com o proposto por grandes referências, como Jeane Tavares, acreditamos que a psicologia, especialmente a clínica, deve se reorganizar para compreender os efeitos psicossociais e biológicos da estrutura racista. Romper com a ideia de que sempre precisaremos criar algo novo, a partir de um recorte, para que sejamos atendidos e ouvidos com qualidade, a partir do conhecimento verdadeiro.

Se todo sofrimento é político, então a escuta clínica também precisa ser. Ou seja, falamos de um redirecionamento — posto que ela sempre esteve direcionada, mas para uma única categoria racial — de toda a forma de produção da ciência psicológica, situando-a historicamente e se comprometendo com formas mais qualificadas e menos específicas (brancas) de pensar o sujeito. Isso se aplica a todas as abordagens em psicologia. Queremos dizer que a academia não pode mais transmitir aos futuros profissionais que "sofrimento não escolhe raça" ou que "inconsciente não tem cor". Não é mais aceitável que o sujeito negro leve uma questão de autoestima para o *setting* terapêutico e a psicóloga, desonesta racialmente, o leia como tendo uma crença limitante. Ou que uma pessoa branca relate uma situação de violência racial e tenha seu comportamento reforçado a partir de uma compreensão científica de autodeterminação subjetiva. Assim como no CAPS, que o usuário negro em crise de ansiedade não seja lido como agressivo e/ou perigoso com necessidade de contenção.

Clínica multirracializada é uma proposta de comprometimento ético e político do profissional de psicologia, entendendo como a pertença racial estrutura a subjetividade, linguagem e posição no setting terapêutico. Não se restringe a uma abordagem, é um modo de operar, estudar, compreender e analisar os construtos e ferramentas que a sua abordagem utiliza. Você precisa da clínica racializada para atender a qualquer sujeito, tendo em vista que todos tem raça. Por isso não é restrita a pessoas negras e não se restringe a aplicação de valores sociais.

REFERÊNCIAS

BUTTLER, O. *Kindred: laços de sangue*. São Paulo: Morro Branco, 2017.

CARNEIRO, S. *A construção do outro como não-ser como fundamento do ser*. Tese Doutorado em Educação – Universidade de São Paulo, São Paulo, 2005.

CARNEIRO, S. *Gênero, raça e ascensão social*. Estudos Feministas, 1995.

CARNEIRO, S. *Racismo, sexismo e desigualdade no Brasil*. São Paulo: Selo Negro, 2011.

EVARISTO, C. *Olhos d'água*. Rio de Janeiro: Pallas, 2017.

FANON, F. *Pele negra, máscaras brancas*. Salvador: EDUFBA, 2008.

FERNANDES, S. C. S.; PEREIRA, M. E. *Endogrupo versus Exogrupo: o papel da identidade social nas relações intergrupais*. Estud. pesqui. Psicol. Rio de Janeiro, v. 18, n. 1, p. 30-49, abr. 2018 . Disponível em: <http://pepsic.bvsalud.org/scielo.php?script=sci_arttext&pid=S1808-42812018000100003&lng=pt&nrm=iso>. Acesso em: 08 de dez de 2022.

GUIMARÃES, A. S. *O insulto racial: as ofensas verbais registradas em queixas de discriminação*. São Paulo, 2000.

HOOKS, B. *Recusando-se a ser uma vítima: obrigação e responsabilidade*.

HOOKS, B. *Tudo sobre o amor: novas perspectivas*. São Paulo: Editora Elefante, 2020.

HOOKS, B. *Vivendo de Amor*. Disponível em: https://www.geledes.org.br/vivendo-de-amor/. 2010.

KILOMBA, G. *Memórias da Plantação: episódios de racismo cotidiano*. Rio de Janeiro: Cobogó, 2019.

LORDE, A. *Irmã outsider*. Belo Horizonte: Autêntica editora, 2019.

NASCIMENTO, A. *O genocídio do negro brasileiro: processo de um racismo mascarado.* São Paulo: Editora Perspectiva, 2016.

NASCIMENTO, J. S. *Mate o amor romântico antes que ele te mate.* Terra Fértil. São Paulo, 2014. Disponível em: <https://naomekahlo.com/mate-o-amor-romantico-antes-que-ele-te-mate/>. Acesso em: 08 de dez de 2022.

NASCIMENTO, S. *Infância interrompida: estudo mostra que meninas negras são vistas como menos inocentes do que meninas brancas da mesma idade*, 2017. Disponível em: <https://mundonegro.inf.br/infancia-interrompida-estudo-mostra-que-garotas-negras-sao-vistas-como-menos-inocentes-do-que-garotas-brancas-da-mesma-idade/>. Acesso em: 08 de dez de 2022.

NOGUEIRA, I. B. *A cor do inconsciente: Significações do Corpo Negro.* 1. ed. – São Paulo: Perspectiva, 2021.

NOGUEIRA, I. B. *Significações do Corpo Negro.* Doutorado em Psicologia. Universidade de São Paulo, 1998.

PEREIRA, P. C.; WILLIAMS, L. C. A. . *Desempenho escolar da criança vítima de violência doméstica*, 2008.

PIEDADE, V. *Dororidade.* São Paulo: Editora Nós, 2017.

Rede de Observatório de Segurança, 2021. Disponível em <http://observatorioseguranca.com.br/rede-de-observatorios-registra-cinco-casos-por-dia-de-feminicidio-e-violencia-contra-mulher/>. Acesso em: 08 de dez de 2022.

RODRIGUES, G. B. *(Contra)mestiçagem negra: pele clara, anticolorismo e comissões de heteroidentificação racial*, 2021. Disponível em: <https://repositorio.ufba.br/handle/ri/34195>. Acesso em: 08 de dez de 2022.

SANTOS, M. *Por uma outra globalização: do pensamento único à consciência universal.* Editora Record, 23ª edição. Rio de Janeiro, 2013.

SOMÉ, S. *O espírito da intimidade: Ensinamentos ancestrais africanos sobre maneiras de se relacionar*, 2018.

SOUZA, N. S; HANNA, M. S. G. *A angústia na experiência analítica. O objeto da angústia.* Editora 7 letras. Rio de Janeiro, 2008.

SOUZA, N. S. *Tornar-se Negro: as vicissitudes da identidade do negro brasileiro em ascensão social.* Rio de Janeiro: Graal, 1983.

TAVARES, J. S. C.; KURATANI, S. M. A. *Manejo clínico das repercussões do racismo em mulheres que se "tornaram negras".* Psicologia, Ciência e Profissão 2019, Volume 39. Disponível em Scielo.

TAVARES, J. S. C.; BONFIM, L. A. *Racismo e saúde mental: subsídios para uma clínica socialmente contextualizada.* 2021. Disponível em ResearchGate.